O ESPIRITISMO APLICADO

ELISEU RIGONATTI

# O ESPIRITISMO APLICADO

(Exortação à humanidade à luz do
Evangelho e do Espiritismo)

Editora
Pensamento
SÃO PAULO

Copyright © 1981 Editora Pensamento-Cultrix Ltda.

1ª edição 1981.

22ª reimpressão 2017.

Todos os direitos reservados. Nenhuma parte deste livro pode ser reproduzida ou usada de qualquer forma ou por qualquer meio, eletrônico ou mecânico, inclusive fotocópias, gravações ou sistema de armazenamento em banco de dados, sem permissão por escrito, exceto nos casos de trechos curtos citados em resenhas críticas ou artigos de revistas.

Direitos reservados
EDITORA PENSAMENTO-CULTRIX LTDA.
Rua Dr. Mário Vicente, 368 – 04270-000 – São Paulo, SP
Fone: (11) 2066-9000 – Fax: (11) 2066-9008
E-mail: atendimento@editorapensamento.com.br
http://www.editorapensamento.com.br
Foi feito o depósito legal.

# SUMÁRIO

| | |
|---|---|
| Prefácio | 1 |
| Os Espíritos | 2 |
| O fenômeno chamado morte | 2 |
| O fenômeno chamado nascimento | 4 |
| A origem dos Espíritos | 4 |
| As moradas dos Espíritos encarnados | 5 |
| As moradas dos Espíritos desencarnados | 6 |
| A personalidade do Espírito | 6 |
| O Progresso | 7 |
| Transferência de moradas | 7 |
| O progresso do Espírito encarnado | 7 |
| O pão de cada dia | 8 |
| Conhecimentos morais | 8 |
| Conhecimentos intelectuais | 8 |
| Conhecimentos espirituais | 9 |
| Bem aplicar os conhecimentos | 9 |
| O progresso do Espírito desencarnado | 10 |
| O estacionamento do Espírito encarnado | 10 |
| O estacionamento do Espírito desencarnado | 10 |
| Cuidados especiais para não estacionar | 11 |
| O sono | 11 |
| Posição do Espírito encarnado durante o sono | 11 |
| Preparar-se para bem dormir | 12 |
| O sonho | 13 |
| A lembrança dos sonhos | 17 |
| As necessidades do Espírito | 20 |
| A reencarnação | 22 |
| O ciclo das reencarnações | 23 |
| Por que o Espírito reencarna | 25 |
| Por que esquecer o passado | 26 |
| Quanto tempo passamos nas colônias espirituais | 29 |
| O livre-arbítrio na reencarnação | 31 |
| O Espírito durante a gestação | 33 |

| | |
|---|---|
| Recepção do Espírito que se reencarna | 33 |
| O crime do aborto | 34 |
| O Espírito na infância | 35 |
| Princípios educativos | 36 |
| O Espírito na adolescência | 37 |
| O Espírito na idade madura | 38 |
| O Espírito na velhice | 39 |
| A perfeição moral | 40 |
| O sofrimento | 43 |
| A lei do choque de retorno | 45 |
| Causas do sofrimento | 45 |
| O sofrimento quanto ao tempo | 47 |
| O sofrimento quanto às pessoas | 47 |
| O sofrimento quanto aos efeitos | 48 |
| Um processo de reajustamento | 48 |
| A luta contra o sofrimento | 49 |
| Como nos comportar perante o sofrimento alheio | 49 |
| A religião | 50 |
| Necessidade da religião | 51 |
| A religião Espírita | 51 |
| Porque o Espiritismo prega o Evangelho | 52 |
| Médiuns e mediunidade | 54 |
| O pensamento | 55 |
| O desejo | 56 |
| Controle do pensamento | 56 |
| Análise dos desejos | 56 |
| Classificação dos pensamentos | 57 |
| Remédio para melhorar os pensamentos | 58 |
| Pensamento e consciência | 59 |
| A consciência | 60 |
| A prisão mental | 61 |
| As faixas mentais | 61 |
| Afinidade mental | 65 |
| Pensamento e saúde | 66 |
| Posição do Espírito depois de desencarnado | 66 |
| Nosso pensamento e o dos outros | 67 |
| Faixas mentais e mediunidade | 68 |
| Exercícios mentais | 69 |
| O Espiritismo e a alimentação | 71 |
| A alimentação | 71 |
| Os animais | 71 |
| A reencarnação dos animais | 72 |
| O espírito dos animais no mundo espiritual | 72 |

| | |
|---|---|
| Comportamento do homem para com os animais | 73 |
| A carne dos animais | 73 |
| A alimentação humana | 74 |
| Espiritismo e Sexualidade | 74 |
| Função divina do sexo | 74 |
| O altar doméstico | 75 |
| Nossa dívida para com o sexo | 75 |
| Matrimônio e sexo | 76 |
| A família perante as leis humanas | 78 |
| A prostituição | 78 |
| O sexo e o pensamento | 79 |
| Conclusão | 80 |
| Bom ânimo | 81 |

# PREFÁCIO

*Conta a lenda que um dia, quando dava audiência ao povo, compareceu diante de poderoso califa de Bagdá, um pobre ourives, com riquíssimo colar de pérolas.*

*— Senhor, disse ele inclinando-se, venho oferecer-vos esta jóia. Dignai-vos aceitá-la como um tributo de minha admiração por vós.*

*Admirava-se o califa de mimo de tão alto preço estar nas mãos de homem assim pobre, quando julgou reconhecer entre elas, algumas pérolas que lhe pertenciam e consideradas perdidas. De sobrecenho carregado, perguntou:*

*— Onde arranjaste estas pérolas que até há bem pouco tempo estavam pregadas em meus mantos?*

*— Senhor, respondeu o ourives humilde, sempre que saíeis com vossa corte luzidia, a orar na mesquita de Omar, eu vos seguia, olhando para o chão da rua, porque acontecia que, às vezes, se despregava de vossas vestes recamadas de pérolas, uma ou outra. Eu as ajuntava cuidadosamente para que um dia pudesse compor um colar e, ofertando-o a vós, devolver-vos as vossas pérolas. Como vedes, as pérolas deste colar não são minhas, são vossas; meu é apenas o cordão que as une.*

*Agradou grandemente ao califa a honestidade do pobre ourives e a maneira delicada com que lhe restituía as pérolas, que o recompensou com uma bolsa cheia de moedas de ouro.*

*Conto-vos esta fábula, amável leitor ou gentil leitora, porque se reconhecerdes neste livro muitas pérolas pertencentes a outros escritores do Espiritismo, e se vos irardes, aqui fica minha explicação para apaziguar-vos:*

*— As pérolas que neste livro se contêm, não são minhas; meu é só o barbante que as une. E se o califa recompensou o ourives honesto com uma bolsa de ouro, recompensai-me vós com a vossa benevolência e tolerância.*

O Autor

# OS ESPÍRITOS

Quem são os espíritos?

Quando ouvimos falar de *espíritos*, vêm-nos à mente imagens vagas, quase que irreais; e concebemo-los sob as mais díspares formas. Precisamos modificar nossa concepção a respeito deles. E o primeiro passo que devemos dar para isso é convencer-nos de que também somos espíritos; não há diferença entre nós e eles.

Os espíritos se dividem em duas grandes categorias, que são: a dos espíritos encarnados e a dos desencarnados.

Pertencem à categoria dos espíritos encarnados os que usam um corpo de carne, por exemplo, nós mesmos. E à categoria dos espíritos desencarnados aqueles que já não usam o veículo físico, por exemplo, quem passou pelo fenômeno da morte.

Não se justifica, por conseguinte, essa idéia sobrenatural que fazemos dos espíritos. Pois, não somos espíritos nós também, ainda que encarnados? E dia mais, dia menos, seremos transferidos para o número dos desencarnados.

O nome de *espíritos*, porém, é dado particularmente aos desencarnados. Quando encarnado, damos ao espírito o nome de *alma*.

## O FENÔMENO CHAMADO MORTE

A morte não existe no significado de aniquilamento, destruição total, transformação para o nada, separação eterna.

Nosso espírito é indestrutível e por isso é imortal.

Todavia não poderemos permanecer sempre encarnados. Um dia chegará em que teremos de mudar de categoria. A essa *mudança* é que se dá o nome de *morte*.

A morte é o fenômeno pelo qual o espírito se desliga completamente do corpo. Ela sobrevém por doenças ou por acidentes que facilitem o desligamento.

Não devemos, portanto, temer a morte. Ela é a porta pela qual ingressaremos no mundo espiritual. E depende unicamente de nós o que lá vamos encontrar: se praticarmos o bem, coisas belas; se praticarmos o mal, o resultado do mal que tivermos cometido.

Se não devemos temer a morte, é-nos proibido procurá-la ou desejá-la, por mais aflitiva que seja nossa situação aqui na terra. O corpo humano é uma dádiva sublime de Deus, e só por vontade dele é que poderemos deixá-lo.

No momento de nosso desencarne é que mais necessitaremos do auxílio divino, especialmente se tivermos vivido distanciados do Altíssimo.

A causa que nos distancia de Deus é não cumprirmos nem respeitarmos os seus mandamentos, todos eles admiravelmente consubstanciados por Jesus no mandamento maior que é: Amarás a Deus sobre todas as coisas e ao teu próximo como a ti mesmo.

E quando é que nós nos afastamos do Altíssimo e não observamos o grande mandamento?

Quando cultivamos pensamentos impuros, maldosos, egoístas, desonestos. Quando passamos a vida cuidando somente da parte material dela, deixando esquecidas as necessidades da alma; quando desprezamos a lei da fraternidade.

A fraternidade é uma lei cuja observância sempre traz felicidade. Jesus nos ensinou a sermos fraternos assim: "Amai-vos uns aos outros como eu vos amei. Vós sois filhos de um único pai que é Deus, e vós todos sois irmãos".

Uma das principais pedras de tropeço com que se defronta o homem em sua vida, é o orgulho que o isola de Deus.

Realmente o orgulhoso não admite que acima de sua pequenez paire uma Vontade Soberana, à qual deva tudo o que é; e como conseqüência, o orgulho impossibilita sua regeneração da qual tem necessidade.

Se trabalharmos por livrar-nos destas causas que impedem nossa aproximação de Deus e pautarmos nossos atos pela lei da fraternidade, estaremos incontestavelmente a caminho de gloriosas conquistas espirituais.

No mundo espiritual ocuparemos o lugar que nos será devido pelo progresso que já tivermos realizado.

Uma vez que estamos de passagem pela Terra, é ponto importante para nossa felicidade, quer futura quer presente, a depuração de nossos sentimentos. Depurando-os conquistaremos uma posição dignificante não só como encarnados, como também quando estivermos desencarnados.

Nós estamos sempre apegados a alguma coisa e, principalmente, às nossas preferências. É aconselhável que nós nos apeguemos à virtude, aos bons pensamentos, às boas palavras, às boas ações, para que gozemos da paz e evitemos desilusões e sofrimentos futuros, porque a morte nos colocará irremediavelmente diante de nossa própria consciência.

## O FENÔMENO CHAMADO NASCIMENTO

Se não podemos permanecer indefinidamente encarnados, também não o poderemos como desencarnados.

Para prosseguirmos em nosso glorioso destino, temos necessidade premente de progresso. E para progredirmos, precisamos renascer. E assim nossa vida de encarnados alterna-se com a de desencarnados; vivemos ora no plano material, ora no espiritual.

Depois de uma temporada mais ou menos longa que vivermos como espíritos desencarnados, teremos de nos encarnar de novo. Aqui chegando, passaremos por provas, quais colegiais. O que tivermos aprendido como desencarnados, poremos em prática como encarnados. Se o conseguirmos, conquistaremos mais um grau de progresso e ficaremos libertados de um pouco mais de nossas imperfeições. Isso depende de nossa força de vontade e de nossa persistência, porque não é fácil abandonarmos hábitos errôneos e adquirirmos hábitos salutares, isto é, cultivarmos a virtude.

Portanto, é imprescindível que os pais eduquem os seus filhos, fazendo com que adquiram, desde pequeninos, hábitos salutares e virtuosos. Diz o ditado: "Mostra a teu filho o bom caminho que o seguirá também velhinho". Nada mais certo. Durante a infância, o espírito é maleável e recebe muito mais facilmente os ensinos que se lhe ministram e também é muito mais sensível aos exemplos que recebe.

Essa maleabilidade do espírito e essa sensibilidade que o tornam mais apto a receber novos ensinamentos, prendem-se ao fato de que "até aos sete anos, o espírito ainda se encontra em fase de adaptação para a nova existência que lhe compete no mundo. Nessa idade, ainda não existe uma integração perfeita entre ele e a matéria orgânica. Suas recordações do plano espiritual são, por isso, mais vivas, tornando-se mais susceptível de renovar o caráter e estabelecer novo caminho, na consolidação dos princípios de responsabilidade, se encontrar nos pais legítimos representantes do colégio familiar". (Emanuel – *O Consolador*, 1ª edição da FEB.)

O nascimento é, por conseguinte, nossa nova volta a um corpo de carne.

## A ORIGEM DOS ESPÍRITOS

Tanto quanto a origem do homem na face da Terra, a origem dos espíritos é também um problema apaixonante.

De onde proveio o homem?

De onde proveio o espírito?

Eis questões que ainda permanecem envoltas em mistério, sem embargo de os estudiosos apresentarem hipóteses mais ou menos plausíveis.

Entretanto o ignorarmos de onde se origina o espírito, de como ele se forma, não nos deve preocupar; isto não tolhe o progresso espiritual da humanidade. Tudo vem a seu tempo e um dia chegaremos a decifrar o que agora é um enigma para nós.

## AS MORADAS DOS ESPÍRITOS ENCARNADOS

Os espíritos encarnados habitam em mundos materiais, isto é, de matéria densa, compacta. Nós, por exemplo, somos habitantes da Terra que é um mundo material. E rolando no espaço infinito, há outros mundos materiais habitados como o nosso.

O mundo que um encarnado habita, guarda íntima relação com o progresso moral que o encarnado já realizou. Assim, à medida que crescermos em moralidade, iremos conquistando gradativamente o direito de movimentarmo-nos em mundos de graus superiores ao nosso.

Suponhamos uma escola: para o aluno passar para uma classe mais adiantada é preciso que ele aprenda todas as matérias da classe em que está e demonstre aproveitamento.

A Terra atualmente é nossa escola; é através dos trabalhos que aqui executamos e das provas pelas quais passamos que adquirimos o direito de ingresso a mundos superiores ao nosso.

Todavia, numa escola os alunos não aprendem somente as lições; aprendem também a serem disciplinados e obedientes. E quando o aluno é recalcitrante, repete o ano tantas vezes quantas forem necessárias para se corrigir. Tal sucede conosco encarnados: alunos da escola terrena que somos, a ela voltaremos tantas vezes quantas forem necessárias para que deixemos de ser rebeldes e nos tornemos humildes e obedientes às leis divinas.

Como encarnados viveremos sempre no planeta que maiores probabilidades de progresso nos oferecer, segundo nossa capacidade de compreensão.

O progresso moral nós o obteremos mediante nossa reforma íntima; esta é, no momento, a mais urgente e a mais difícil tarefa que nos cabe executar. Reformando-nos intimamente, trabalhando com honestidade para a felicidade de nossos familiares, cumprindo nossos deveres o melhor possível, nós, quer como encarnados, quer como desencarnados, faremos jus à paz de que tanto necessitamos.

# AS MORADAS DOS ESPÍRITOS DESENCARNADOS

Os espíritos desencarnados habitam colônias espirituais, as quais não são percebidas pelos nossos sentidos, dado a limitação que a matéria nos impõe. Essas colônias se acham ligadas aos mundos materiais a que pertencem os espíritos que as habitam. A Terra, por exemplo, é circundada de um imenso número dessas colônias que se assemelham a grandes cidades, cheias de vida e de animação. Quando desencarnarmos, iremos viver numa dessas colônias.

As colônias espirituais que circundam a terra se dividem em três classes: as zonas purgatoriais, as colônias correcionais e as colônias de elevação.

As zonas purgatoriais, também chamadas umbral, são extensas regiões de trevas e de sofrimentos, onde o espírito que não soube fazer bom uso de sua encarnação, encontra-se ao desencarnar. Ali, entre prantos e ranger de dentes, o espírito purga os erros que cometeu na terra, até o dia em que manifeste desejos sinceros de corrigi-los.

As colônias correcionais são verdadeiras cidades de vida organizada, nas quais o espírito se prepara para reencarnar-se. Nelas o espírito rememora as encarnações passadas e traça os planos do futuro. E enquanto aguarda o dia de reencarnar-se, estuda e entrega-se a um trabalho edificante.

As colônias de elevação são moradas de espíritos que já atingiram o máximo de perfeição moral que a Terra lhes podia oferecer. Nelas os espíritos fazem um estágio preparatório antes de se transferirem para um mundo superior ou para voltarem à Terra em missões de grande alcance social, visando ao bem da humanidade.

Independente dessas colônias espirituais, existem os mundos espirituais, os quais são habitados por espíritos que não mais necessitam das reencarnações, em virtude do grande progresso que já realizaram.

# A PERSONALIDADE DO ESPÍRITO

O espírito desencarnado conserva a mesma personalidade que teve na Terra quando encarnado. Assim, quando desencarnarmos, não seremos nem mais nem menos do que hoje somos; acompanham-nos para o lado de lá nossas boas e nossas más qualidades. Contudo, como no mundo espiritual veremos as coisas tais quais elas são, sem o véu do orgulho a obscurecer-nos a razão, redobramos de esforços para vencer nossas más qualidades; porque compreenderemos que estas serão sempre um entrave à nossa real felicidade.

Modifiquemos, pois, daqui por diante, nossa concepção a respeito dos espíritos. Eles não são fantasmas cuja única ocupação é assombrar-nos;

também não são todo-poderosos para atenderem aos nossos caprichos; não sabem tudo para responderem a todas nossas perguntas; e não vivem, sofredores, em infernos eternos; nem, ociosos, em paraísos inúteis.

## O PROGRESSO

Através de nossas vidas sucessivas, ora num plano, ora noutro, qual o alvo a que devamos atingir?

Nosso alvo é a perfeição; atingi-la-emos pelas nossas lutas, dores, sacrifícios, trabalhos e estudos.

A perfeição consiste em conseguirmos a virtude e a sabedoria. A virtude disciplina nosso coração; e a sabedoria, o nosso cérebro.

O Universo é a nossa universidade; e a Terra, presentemente, a nossa oficina. A universidade nos ensinará a sabedoria e a virtude; a oficina nos facultará as oportunidades de aplicarmos as lições.

Tal é o progresso.

## TRANSFERÊNCIA DE MORADA

O Universo é dividido em número infinito de mundos; e cada um deles nos oferece determinados tipos de ensinamentos.

Quando tivermos progredido suficientemente num mundo, a ponto de não ter ele mais nada para nos ensinar, quer em virtudes, quer em sabedoria, ser-nos-á permitido o ingresso no mundo imediato superior, onde, como em nova classe de aulas, continuaremos nossos estudos e trabalhos.

Se um espírito demonstrar-se refratário às possibilidades de progresso que o seu mundo lhe oferece, é rebaixado a um outro condizente com seu estado. Não é um retrocesso: é simplesmente a volta a um plano equivalente à sua condição, depois de lhe terem sido concedidas oportunidades de elevação que não soube aproveitar.

E com relação às colônias espirituais que gravitam ao redor da Terra, o processo é o mesmo: cada vez que desencarnarmos, iremos para a que esteja de conformidade com o progresso que tivermos realizado em nossa última encarnação.

## O PROGRESSO DO ESPÍRITO ENCARNADO

Como progrediremos nós, espíritos encarnados?

É pelo trabalho que progredimos.

Podemos dividir o nosso trabalho aqui na terra em cinco espécies

1ª – O trabalho para ganharmos honestamente o pão de cada dia.
2ª – O trabalho para adquirirmos conhecimentos morais.
3ª – O trabalho para conquistarmos conhecimentos intelectuais.
4ª – O trabalho para acumularmos conhecimentos espirituais.
5ª – O trabalho para bem aplicarmos os nossos conhecimentos.
Estudemos separadamente cada uma dessas espécies de trabalho.

## O PÃO DE CADA DIA

O espírito se aprimora pelo trabalho. É imprescindível que o homem se mantenha por si próprio, sem tornar-se um parasita ou uma carga no ombro dos demais.

A ninguém será possível a lapidação de seu caráter a não ser através do trabalho. O caminho do progresso é, pois, aberto pelo trabalho honesto, conscencioso, sadio, e cumprido como um dever sacrossanto.

O Espiritismo não quer homens ociosos; não quer contemplativos; não quer parasitas, nem fanáticos.

O Espiritismo quer homens trabalhadores, homens de ação, homens que vivam nobremente do produto de seus esforços.

## CONHECIMENTOS MORAIS

O Espiritismo luta para que a humanidade se moralize; e procurando moralizá-la, espera e dirige a reforma íntima do indivíduo, isto é, de cada um de nós, componentes da humanidade. Por conseguinte, o Espiritismo parte do princípio de que se o indivíduo se moralizar, a família estará moralizada; se a família estiver moralizada, a cidade também estará moralizada; e assim sucessivamente passaremos da cidade para o estado, do estado para a nação, e da nação para a moralização da humanidade. Porque é fora de dúvida que se as partes forem sãs, o todo indiscutivelmente será são.

Quer, pois, o Espiritismo que seus adeptos desenvolvam suas boas qualidades morais: o dever, o direito, o senso da responsabilidade, a boa vontade, a justiça, a caridade, a simpatia, o altruísmo, a dignidade, a compreensão, etc. E isto não só para o progresso do espírito, como também para a felicidade da terra.

## CONHECIMENTOS INTELECTUAIS

Os conhecimentos intelectuais alargam a nossa visão. A pessoa estudiosa compreende melhor as coisas; não é supersticiosa, não é fanática, não é intransigente, nem intolerante.

Contudo, os conhecimentos intelectuais não se adquirem sem esforços; é mister estudar, ler, instruir-se.

Os livros são mananciais inexauríveis de conhecimentos intelectuais; constituem companheiros inseparáveis da alma sequiosa de saber para elevar-se.

O Espiritismo não pode prescindir de tão útil instrumento de progresso que é o bom livro; por isso não cessa de repetir a seus adeptos: estudem, leiam, observem, meditem.

## CONHECIMENTOS ESPIRITUAIS

Se vivêssemos eternamente em nosso corpo de carne, se não tivéssemos que deixá-lo, defrontando-nos um dia com o fenômeno da morte, poderíamos perfeitamente passar sem os conhecimentos espirituais.

Porém não vivemos para sempre no veículo físico que hoje ocupamos; mais cedo ou mais tarde, ser-nos-á forçoso abandoná-lo; porque não somos somente matéria; acima de tudo somos espíritos. É por isso que os conhecimentos espirituais nos são indispensáveis. A morte virá inevitavelmente e quem não cuidar de se preparar para ela com alguns conhecimentos espirituais, sentir-lhe-á todo o amargor.

O Espiritismo nos fornece os conhecimentos espirituais suficientes para encararmos a morte com serenidade.

E quando a humanidade estiver educada espiritualmente, o espectro da morte não amedrontará mais ninguém.

## BEM APLICAR OS CONHECIMENTOS

Depois de termos adquirido os conhecimentos atrás enumerados, resta-nos viver de conformidade com eles; caso contrário, estacionaremos. E se estacionarmos, não tiraremos muito proveito de nossa encarnação.

Cada uma de nossas encarnações tem os seus trabalhos próprios; protelando-os, ou executando-os mal, irão sobrecarregar a próxima. E quanto mais sobrecarregada estiver uma de nossas reencarnações, mais trabalhosa e mais portadora de sofrimentos ela nos será. Portanto, o escrupuloso cumprimento de todos os nossos deveres é uma garantia sólida de um futuro feliz.

É de bom alvitre que os pais cuidem de ensinar a seus filhos, desde pequeninos, a aproveitarem bem a reencarnação. Para isso, desde cedo lhes ensinarão o caminho do trabalho honesto; em seguida lhes facilitarão, por todos os meios, a aquisição dos conhecimentos morais, espirituais e intelectuais.

# O PROGRESSO DO ESPÍRITO DESENCARNADO

Não nos iludamos com nossa situação depois da morte. Não iremos encontrar um paraíso de ociosidade, nem um inferno de penas eternas. Encontraremos um mundo espiritual, onde continuaremos nossa vida de aprendizado, de trabalho e de progresso.

Tão logo desencarnarmos, seremos levados por nossos amigos e familiares para a colônia espiritual que nos for adequada. Lá, sob a orientação de mentores sábios, organizaremos nossa nova vida. E repartindo nosso tempo entre o estudo e o trabalho, prepararemos nossa futura reencarnação.

## O ESTACIONAMENTO DO ESPÍRITO ENCARNADO

Um dos grandes perigos a que estamos expostos é o de estacionar, isto é, pararmos, atrasarmo-nos na marcha do progresso.

Todo o estacionamento é de conseqüências penosas pelo esforço que nos obrigará a despender na reconquista do tempo perdido.

Estacionamos quando não cumprimos os nossos deveres; quando não cultivamos nossa inteligência; quando nós nos entregamos à ociosidade, aos vícios, à maldade; quando somos indiferentes ao sofrimento alheio.

É mister, pois, que imponhamos a nós próprios severa vigilância para evitarmos o estacionamento o qual nos trará como conseqüência o pouco aproveitamento da reencarnação que nos foi concedida.

## O ESTACIONAMENTO DO ESPÍRITO DESENCARNADO

Assim como podemos estacionar, também o podem os espíritos desencarnados. Isso acontece quando o espírito, em lugar de aceitar sua situação de desencarnado, persiste em manter-se apegado à vida da qual a morte o afastou.

Muitos espíritos não querem abandonar a morada terrena e nela permanecem como se estivessem ainda encarnados; outros se revoltam; alguns se entregam a vinganças mesquinhas, ou à prática do mal, obsedando os encarnados, ou secundando-os em seus atos malignos; outros, enfim, entregam-se à preguiça e à inércia. Esses espíritos infelizes têm em sua frente um futuro tormentoso; o dia de se reencarnarem chegará infalivelmente; e como não cuidaram de se prepararem no mundo espiritual, terão na terra uma vida de dissabores e de sofrimentos.

Não julguemos, porém, que lhes falte amparo. Os irmãos superiores estão a adverti-los constantemente, convidando-os a abandonarem aquela vida inútil e sugerindo-lhes oportunidades de se elevarem; é questão só de obediência e um pouco de humildade.

Para que o espírito não estacione no mundo espiritual, há de se conformar com sua nova modalidade de vida, procurando tirar dela o máximo de proveito pelo trabalho assíduo e fecundo.

## CUIDADOS ESPECIAIS PARA NÃO ESTACIONAR

Tanto em nossa atual condição de encarnados, como em nossa futura de desencarnados, havemos de tomar precauções para não estacionar.

O cultivo do coração, isto é, dos bons sentimentos é fundamental. Diz o venerando instrutor Emanuel que no coração situa-se o centro da vida; dele partem as correntes imperceptíveis do desejo. E o desejo através do pensamento se transforma em palavras e em atos. Por isso se nosso coração estiver educado pelos bons sentimentos, nossos pensamentos, palavras e atos serão puros, compelindo-nos ao progresso.

Continua ainda Emanuel ensinando que a religião é a força que alarga os potenciais do nosso sentimento e, por isso, a educadora por excelência de nossos corações. É no seio da fé santificante que encontraremos as regras de conduta e perfeição que necessitamos para que nossa vida na Terra não seja uma romagem inútil. É natural, pois, que contemos com a força religiosa, a qual edifica invisivelmente nosso caráter e nosso sentimento. (Emanuel, *O Roteiro*, pág. 43 e seg., 1ª edição.)

Concluímos então que um de nossos cuidados para não estacionarmos é observar os preceitos de nossa religião, pondo-os em prática, visando a nossa reforma íntima e conseqüente aperfeiçoamento de nosso espírito.

## O SONO

Entre nós e os espíritos desencarnados há perfeito intercâmbio de idéias, de ensinamentos e de auxílio. Esse intercâmbio se processa comumente através do sono.

Durante as horas de sono, podemos passar para o mundo espiritual e estarmos juntos com os espíritos desencarnados.

Duas são as finalidades do sono: proporcionar ao corpo oportunidade de recuperar energias e libertar parcialmente nosso espírito, facultando-lhe novas experiências. Enquanto dormimos, nosso espírito pode afastar-se de nosso corpo, ficando preso a ele apenas por um laço fluídico.

## POSIÇÃO DO ESPÍRITO ENCARNADO DURANTE O SONO

Uma vez que o sono nos liberta parcialmente da matéria, abrindo-nos as portas do mundo espiritual, é importante que aproveitemos bem estas horas de liberdade.

Vejamos em quais posições pode colòcar-se o espírito, nas horas em que seu corpo dorme.

Há espíritos que, parcialmente libertos do corpo pelo sono, conservam toda a lucidez; compreendem que estão no mundo espiritual e dedicam estas horas a estudos e a trabalhos espirituais; assim ganham tempo, porque quando desencarnarem encontrarão prontos esses trabalhos.

Outros espíritos continuam durante o sono a tratarem de seus negócios e a preocuparem-se com seus problemas materiais, exatamente como quando acordados. Esses espíritos em nada se beneficiam dos momentos de liberdade espiritual que o sono lhes concede.

Alguns espíritos ficam perturbados, sonolentos e não se afastam do pé do leito onde repousam seus corpos.

Enfim, há espíritos que dão azo a seus instintos baixos e procuram os lugares do vício e mesmo do crime.

O sono favorece o encontro dos espíritos encarnados com os desencarnados. Assim o encarnado pode encontrar-se com seus entes queridos já desencarnados, de cujo encontro lhe advém grande consolo.

Os doentes que sofrem sem esperanças de cura para seus corpos, e muitas vezes segregados do convívio de seus familiares, nas horas de sono haurem forças para suportar seus padecimentos com paciência e resignação.

Os encarcerados, enquanto seus corpos dormem, podem perfeitamente procurar a companhia de espíritos mais elevados, os quais lhes ensinarão os meios de se regenerarem e corrigirem seus erros; desse modo ganharão tempo, pois que, verificarão mais tarde terem executado grande parte do trabalho regenerativo.

A nós, espíritos encarnados desejosos do progresso espiritual, o sono concede excelentes oportunidades. Instrutores espirituais mantêm escolas onde congregam, todas as noites, um número considerável de espíritos encarnados semilibertos pelo sono, e lhes ministram lições, ensinamentos e conselhos.

## PREPARAR-SE PARA BEM DORMIR

É útil que nós nos preparemos para bem dormir. Um bom sono concede maior liberdade ao nosso espírito, permitindo-nos aproveitar melhor nossa estada no mundo espiritual.

Para termos um bom sono, isto é, um sono que ajude o nosso espírito desprender-se com facilidade do corpo, é preciso que prestemos atenção no seguinte: o mal e os vícios seguram o espírito preso à Terra. E quem se entregar ao mal e aos vícios durante o dia, embora seu corpo durma à noite, seu espírito não terá forças para subir; e ficará perambulando por aqui, correndo o risco de ser arrastado por outros espíritos viciosos e perversos.

A excessiva preocupação com os negócios materiais também dificulta o espírito a desprender-se da Terra; e mesmo enquanto o corpo dorme, continua o espírito a pensar exclusivamente em seus problemas materiais, alheio ao proveito espiritual que poderia conseguir naquelas horas de liberdade.

O bem e a virtude nos levarão, através do sono, às colônias espirituais onde fruiremos a companhia de mentores elevados; receberemos bom ânimo para a luta diária; ouviremos lições enobrecedoras; e poderemos dedicar-nos a ótimos trabalhos.

Compreendemos agora que é de grande valia a maneira pela qual passaremos o dia; cultivemos bons pensamentos, falemos boas palavras e pratiquemos bons atos; cumpramos rigorosamente nossos deveres; não alimentemos ambições excessivas, nem desejos de realização difícil; evitemos a ira, o rancor, o ódio, a maledicência; conservemo-nos tranqüilos, cheios de confiança na Providência Divina. E assim preparados, contentes, iremos à noite ao mundo espiritual. E de manhã, ao retomarmos nosso veículo físico, elevemos ao Senhor nossa prece agradecida pela noite que nos concedeu de repouso ao nosso corpo e de liberdade ao nosso espírito.

## O SONHO

Praticamente vivemos duas vidas: uma quando nosso corpo repousa e outra quando ele está em atividade.

O espírito, semiliberto pelo sono, recebe impressões: vê, ouve, fala, age, move-se, usando de facilidades, tais como: maior visão, maior percepção mental, maior compreensão; por vezes, maior lembrança do passado, maior mobilidade; possibilidade de encontros com espíritos que conheceu em encarnações anteriores; assiste a cenas que se desenrolam em esferas espirituais próximas à Terra; vai a lugares aos quais só pode ter acesso como espírito; e executa tarefas de seu interesse.

Contudo, ao regressarmos ao nosso corpo físico, esquecemos os nossos atos espirituais, ficando a nossa memória adormecida com relação à nossa vida de semiliberdade. Isto se deve a que nosso corpo funciona como um redutor da capacidade perceptiva do espírito, particularmente o cérebro, em virtude de suas lentas e pequenas vibrações.

Para termos uma idéia aproximada da capacidade perceptiva do espírito, figuremos uma escala de percepções espirituais, graduada de zero a cem.

Quando acordados, isto é, inteiramente ligados ao corpo, nossa capacidade de percepção espiritual se reduz a zero; raros encarnados conseguem perceber alguma coisa do mundo espiritual que os cerca.

Quando semilibertos do corpo pelo sono, nossas percepções espirituais se ampliam, variando na escala de um a noventa e nove, dependendo de nosso maior ou menor adiantamento espiritual.

E finalmente quando desencarnarmos e passarmos a viver definitivamente como espíritos, nossa percepção espiritual será completa.

De nossas atividades no mundo espiritual enquanto nosso corpo repousa, geram-se os sonhos, das quais são uma lembrança perfeita.

Nem sempre sonhamos, isto é, nem sempre guardamos a lembrança do que se passou conosco durante o sono. Isto porque ao reentrar no corpo, ficamos com nossa capacidade de percepção espiritual reduzida a zero e, por conseguinte, não podemos lembrar-nos do que houve conosco, quando estávamos fora do corpo.

Os sonhos, cuja lembrança nítida guardamos, são raros; comumente nos ficam fragmentos deles e muitas vezes visões que não conseguimos compreender.

Para melhor compreensão dos sonhos e de seus fragmentos, agrupemos nosso comportamento como espíritos enquanto nosso corpo dorme, em oito categorias:

1ª – Conselhos que recebemos de nossos amigos espirituais.

2ª – Trabalhos enobrecedores que executamos no mundo espiritual.

3ª – Estudos, viagens.

4ª – Reuniões com amigos espirituais.

5ª – Encontro com inimigos espirituais, se os tivermos.

6ª – Continuação do trabalho material.

7ª – Satisfação de baixas paixões e de vícios.

8ª – Estado de entorpecimento.

## Conselhos que recebemos de nossos amigos espirituais

Semilibertos do corpo, recebemos com facilidade as impressões espirituais. Dessa oportunidade se valem nossos amigos do espaço para dar-nos conselhos e sugestões úteis ao desenvolvimento de nossa encarnação. Procuram afastar-nos do mal, fortalecem-nos moralmente e apontam-nos a maneira certa de respeitarmos as leis divinas. Ao despertarmos, embora não nos lembremos deles, ficam, contudo, no fundo de nossa consciência, em forma de intuições, como que idéias inatas.

## Trabalhos enobrecedores que executamos no mundo espiritual

Podemos dedicar os momentos de semiliberdade à execução de tarefas espirituais, sob a direção de elevados mentores. A vantagem para os encarnados que assim aproveitam as horas de sono é grande: ganham forças para os embates da vida, além de, ao desencarnarem, encontrarem muita coisa pronta, o que lhes permitirá um progresso mais rápido.

Acontece muitas vezes acordarmos com uma deliciosa sensação de bem-estar, de contentamento e de alegria. Isto acontece por termos sabido usar bem de nossa estada no mundo espiritual, executando trabalhos de real valor; daí é que provém essa satisfação íntima.

Contudo, não raras vezes despertamos tristes e com uma espécie de ressentimento no fundo de nosso coração. O motivo dessa tristeza sem causa aparente é que nos são mostradas as provas e as expiações que nos caberão na vida, as quais teremos de suportar. E conquanto sejamos confortados por nossos benfeitores, não deixamos de nos entristecer e ficarmos um tanto apreensivos.

### Estudos e viagens

Há espíritos encarnados que, ao penetrarem no mundo espiritual através do sono, entregam-se aos estudos de sua predileção; e por isso têm sempre idéias novas no campo de suas atividades terrenas. Outros valem-se da facilidade de locomoção para realizarem viagens de observação, não só na terra, como também às esferas espirituais que lhe são vizinhas.

### Reuniões com amigos espirituais

Assim como visitamos nossos amigos encarnados, também podemos ir visitar nossos amigos desencarnados e com eles passarmos momentos agradáveis, enquanto nosso corpo físico repousa; disso nos resulta grande conforto.

### Encontro com inimigos

É comum o sono favorecer o encontro de inimigos para explicações recíprocas. Esses inimigos podem ser da encarnação atual ou de encarnações antigas.

Os mentores espirituais procuram aproximar os inimigos, a fim de induzi-los ao perdão mútuo. Extinguem-se assim muitos ódios e grande número de inimigos se tornam amigos, o que lhes evitará sofrimentos. E a maior e melhor percepção de que goza o espírito semiliberto pelo sono, facilita a extinção de ódios e a correção de situações desagradáveis e por vezes dolorosas.

## Continuação de trabalhos materiais

Considerável porcentagem de encarnados, ao entregarem seu corpo físico ao repouso, continuam, sono a dentro, com suas preocupações materiais. Não aproveitam a oportunidade para se dedicarem um pouco à vida eterna do espírito. E estudam os negócios que pretendem realizar, completamente alheios aos verdadeiros interesses de seus espíritos; e nada veêm e nada percebem do mundo espiritual no qual ingressam por algumas horas.

## Satisfação de paixões baixas e de vícios

Há encarnados que ao se verem semilibertos do corpo de carne pelo sono, procuram os lugares de vícios, com o fito de darem expansão a suas paixões inferiores, na ânsia de satisfazerem seus vícios e seu sensualino. Outros se entregam mesmo ao crime, perturbando e influenciando perniciosamente suas vítimas, tornando-se instrumentos da perversidade.

## Estado de entorpecimento

São comuns os encarnados cujos espíritos não se afastam do lado do corpo, enquanto este repousa; ficam entorpecidos junto ao leito, como que adormecidos também.

Das ocupações a que nós nos entregarmos durante a semiliberdade que o sono nos concede, depende nosso estado quando acordados. Nós ficamos impregnados com os fluidos que encontramos nos lugares onde estivemos como espíritos, durante o sono; se freqüentamos lugares puros, ou se nos tivermos dedicado a trabalhos nobres, voltaremos impregnados de bons fluidos que nos darão ânimo, saúde, coragem e alegria de viver; porém, se como espíritos semilibertos, freqüentarmos antros de vícios ou se gastarmos o tempo na satisfação de nossos desejos inferiores, voltaremos como nosso perispírito carregado de fluidos impuros que muito influirão sobre nossa saúde corporal.

Estamos agora com base para compreendermos a questão dos sonhos: o sonho é uma parte mínima de nossas ocupações como espiritos semilibertos pelo sono, e da qual nós nos recordamos ao despertar.

Se nós nos lembrássemos inteiramente de como empregamos nossas horas de semiliberdade, verificaríamos que todas as noites sonhamos, isto é, vimos ou fizemos qualquer coisa. A rigor, portanto, sonhamos em todas as horas de nosso sono, uma vez que nosso espírito não permanece inativo. Contudo, damos o nome de sonho apenas à parte dos acontecimentos que conseguimos reter ao voltar ao nosso corpo físico.

Nosso cérebro é um redutor da capacidade perceptiva de nosso espírito; e reduzindo-lhe a zero a percepção espiritual, reduz-lhe também a zero a memória espiritual.

O cérebro é um instrumento que permite ao espírito a percepção das coisas materiais somente, e guarda-lhes a lembrança; ainda não desenvolveu a parte mediante a qual terá a percepção e a memória das coisas espirituais. Ao voltar o espírito para o corpo, sua memória espiritual deixa de funcionar, para só lembrar-se das coisas materiais, isto é, daquilo que lhe chegou através do cérebro. Por esta razão é que não nos lembramos de nossa atividade durante a semiliberdade que o sono nos concede.

## A LEMBRANÇA DOS SONHOS

Sabemos que nem tudo de nossa estada no plano espiritual por meio do sono, fica esquecido ao acordarmos. Freqüentemente trazemos de lá imagens, cenas, fatos e idéias que formam aquilo a que denominamos sonhos. O sonho é, por conseguinte, um reflexo fragmentário de nossa vida fora do corpo e fixamo-lo por analogia, por símbolos e por intuições.

Entretanto, para que sonhemos, isto é, para que lembremo-nos de qualquer fato que presenciamos no plano espiritual, é necessário que tal fato nos tenha impressionado fortemente a fim de que nosso espírito possa conservá-lo na mente, ainda quando envolto na matéria.

### Analogia

Quando o espírito semiliberto do corpo pelo sono observa uma cena, um acontecimento, ou nele tomar parte, ao voltar para o corpo trazendo a lembrança, traduz o que viu por imagens que lhe são familiares. Procede, nesse caso, como uma criança. que ao descrever para um adulto um fato que presenciou, serve-se de sua reduzida compreensão infantil. Daí as descrições por vezes cômicas, absurdas, incompreensíveis, retorcidas que as crianças fazem. Elas viram o fato mas não possuem recursos para se expressarem convenientemente. Assim o espírito, ao regressar ao corpo, não tem possibilidades de se lembrar fielmente do que viu; e o pouco do que se recorda, que constitui o sonho propriamente dito, sofre a distorção do cérebro e é traduzido pelas imagens comuns ao estado de acordado. Por exemplo, a lembrança da rapidez com que o espírito se movimenta no espaço é reproduzida no cérebro por uma queda de grande altura. Se um inimigo desta ou de outras encarnações nos persegue em nossa semiliberdade, parecer-nos-á que sonhamos termos sido perseguidos por alguém.

Como a vida de semiliberdade que o espírito vive durante o sono, tem muita coisa que lhe é desconhecida, serve-se da analogia, isto é, procura transformar no que conhece as cenas e fatos presenciados no mundo espiritual.

## Símbolos

É comum o sonho traduzir-se por símbolos que não conseguimos entender, a não ser quando se dê o acontecimento com o qual o símbolo tem relação.

Temos amigos espirituais no espaço que se interessam por nós. Quando esses amigos julgam oportuno dar-nos um conselho ou advertir-nos de que, possivelmente, enfrentaremos situações difíceis ou desagradáveis para as quais devemos estar preparados, recorrem eles, comumente aos símbolos. Caso se limitassem a falar-nos em nosso estado de semiliberdade, ao voltarmos ao nosso corpo físico não nos lembraríamos de suas palavras; ou se nos lembrássemos, seriam fragmentos sem significação. Assim, por meio de símbolos que lhes traduzam o pensamento, procuram impressionar-nos fortemente. Nosso espírito, embora no corpo físico, geralmente consegue recordar-se da forte impressão recebida. Para conseguir isso, o amigo espiritual que nos quer avisar, à medida que nos vai falando, vai formando em pensamento uma imagem que é refletida em nossa mente. Ao acordarmos, trazemos conosco aquele quadro simbólico, o qual nos intriga, por não o compreendermos no momento; isso só se dará quando acontecer o fato relacionado com ele.

Vejamos alguns exemplos que ilustram o que acabamos de expor: Uma pessoa sonhou certa vez que contemplava um rochedo. Eis que a terra tremeu e o rochedo reduziu-se a pó. Envolvendo-a a poeira a ponto de parecer sufocá-la, o medo começou a apossar-se dessa pessoa, quando ouviu uma voz que lhe dizia encorajadoramente: — Sê forte.

Acordou e como de pronto não compreendesse o significado do sonho, não lhe deu maior importância.

Algum tempo depois, essa pessoa sofreu um desastre financeiro; voltou uma tarde para casa carregada de sombrios pensamentos; trancou-se no quarto e, sentada ao pé da cama com a cabeça entre as mãos, entregou-se ao desespero. De súbito ouve distintamente a mesma voz do sonho, que lhe dizia terna e encorajante: — Sê forte. O sonho lhe voltou à memória e compreendeu então que um amigo espiritual, pressentindo a situação adversa, quis avisá-la para que se não desesperasse. O bom ânimo instalou-se de novo em seu coração aflito e recebeu novas energias para a luta; costumava dizer depois que esse sonho a livrara de cometer uma loucura.

A análise desse sonho simbólico é fácil. O amigo espiritual representou a situação financeira dessa pessoa, pelo rochedo. O desastre financeiro pelo esfacelamento do rochedo; e recomenda-lhe que seja forte na adversidade. E para que ela compreendesse o significado do sonho, foi preciso que acontecesse o fato ao qual ele se ligava.

Outra pessoa, em sonhos, viu-se atravessando extensa planície, castigada por sol ardente; de momento a momento, deparavam-se-lhe obstáculos; quando julgou estar no fim da travessia, surgiu-lhe pela frente um monte escarpado e põe-se a subir por ele, de arrastão, ferindo-se nas pedras. Ao terminar a subida, aguardava-a uma surpresa agradável: achou-se num bosque fresco e perfumado, onde cantavam pássaros e zumbiam abelhas; um grupo de amigos a recebeu e puseram-se a passear.

Acordou e lembrando-se da visão noturna, pôs-se a meditar sobre ela; não encontrando de pronto a explicação, abandonou-a.

Tempos depois, entrou essa pessoa num período de extremas dificuldades, que se prolongou por anos. Nos momentos em que o desânimo e o desespero a assaltavam, vinha-lhe nítido à memória o sonho que tivera; a travessia da planície ardente e a subida ao áspero monte simbolizavam as dificuldades que experimentava agora; em seguida viriam melhores tempos representados pelo bosque perfumado. De fato, ao período de adversidade, seguiu-se um de paz e felicidades.

É fácil notarmos que se essas duas pessoas, em lugar dos sonhos simbólicos, recebessem de seus amigos espirituais apenas palavras sobre os acontecimentos que as aguardavam, dado a redução da memória que o espírito sofre ao voltar ao corpo, não se lembrariam delas; ao passo que conseguiram reter os símbolos que as impressionaram vivamente.

## Intuições

Há manhãs em que despertamos com a sensação de termos sorvido calma e felicidade durante a noite. Inexprimível bem-estar se assenhoreia de nosso íntimo; vemos as coisas sob um aspecto otimista; as dificuldades parecem-nos menores.

Outras vezes sucede o contrário: ao despertarmos trazemos sensações desagradáveis; uma ponta de inquietação como que veio conosco de dentro do sono. E embora nosso corpo tenha descansado, sentimos que o espírito passou uma noite agitada. São as intuições, isto é, o pressentimento do que vimos, ouvimos ou fizemos em espírito, aproveitando-nos da semiliberdade que o sono nos concedeu. Nós pressentimos, suspeitamos que algo de bom ou de mau se passou conosco, enquanto o corpo repousava.

É comum tomarmos resoluções completamente diversas daquelas que pretendíamos tomar na véspera; ao acordarmos pensamos de modo diferente daquele que pensávamos ao adormecer. É que durante o repouso do corpo, aproveitamos a oportunidade para consultar nossos amigos espirituais e deles recebermos sugestões e conselhos sobre os assuntos que nos preocupavam; e disso fica-nos a intuição de como agir.

Tal é o mecanismo do sonho e por aí vemos a dupla vida que vivemos: quando acordados, a vida material; e quando o corpo entra em repouso, a vida espiritual.

Viver dignamente uma e outra é o objetivo a que devemos colimar.

## AS NECESSIDADES DO ESPÍRITO

Tal qual o corpo que para crescer e tornar-se forte precisa de alimentos e exercícios adequados, assim também o espírito reclama cuidados para que possa resplandecer ao desencarnar.

O espírito encarnado, com raras exceções, é qual um chavascal que precisa ser transformado em jardim. E como do chavascal se arrancam as ervas daninhas e nele se semeiam as plantas úteis, também do espírito rude, mau, vicioso, egoísta, vaidoso, orgulhoso, se extirpam as imperfeições até que ele se transforme em anjo rutilante.

Não há uma receita específica que, aplicada, nos transforme da noite para o dia. A pureza espiritual, que é a perfeição moral, só a alcançaremos pelo trabalho perseverante no bem, de nossa tenacidade em vigiar nossos atos, de nossa persistência em querermos fazer hoje melhor do que ontem. Em suma, é imprescindível que nós nos dediquemos incessantemente ao nosso aperfeiçoamento moral.

Se não há receitas específicas para conseguirmos a perfeição, há, no entanto, diretrizes que bem observadas nos conduzirão a ela. Vejamos um roteiro que nos proporcionará resultados satisfatórios:

### Renunciar

A primeira necessidade da alma é saber renunciar. Certo não se lhe pede a renúncia total das coisas terrenas. Entretanto, renunciar a algumas horas de descanso, por mês, para consagrá-las a um enfermo; renunciar a alguma comodidade para acudir a um companheiro; renunciar a seus vícios, a seus maus hábitos; renunciar a vinganças, à maledicência, ao ódio, ao ciúme, à inveja; tudo são exemplos de renúncia que estão ao alcance de qualquer um de nós praticar.

## Regozijo

Outra necessidade do espírito encarnado é regozijar-se sempre. Nosso coração deve pulsar em permanente regozijo. Mesmo que a adversidade se apodere de nós e nos faça derramar lágrimas de amargo sofrimento, jamais nos entreguemos ao desespero ou ao desânimo. Não alimentemos tristezas; sejamos alegres, reconhecidos a Deus pela reencarnação que nos concedeu para nosso próprio benefício.

## Servir

Servir é outra necessidade do espírito encarnado. Não nos fechemos num círculo de egoísmo feroz. Sirvamos sempre. Aproveitemos todas as ocasiões que se nos apresentarem para sermos úteis aos nossos semelhantes.

E servindo a este ou àquele, não esperemos nem reclamemos recompensa. O bem, por pequenino que seja, para que cause satisfação a quem o faz e alegria a quem o recebe, deve ser feito desinteressadamente. E quem serve pelo exclusivo prazer de servir, jamais se defrontará com ingratos.

## Corrigir

Corrijamos nossas próprias imperfeições. Não percamos tempo relacionando erros e deslizes alheios. Lembremo-nos de que não estamos isentos de falhas; por isso não sejamos rigorosos para com as falhas alheias; sejamos, contudo, rigorosos para conosco mesmos.

## Confiança

Confiemos na Providência Divina. Acima de todos os poderes humanos, paira o poder soberano de Deus, em cujas mãos temos necessidade de repousar confiantes. Confiemos em nós mesmos para que, fortificados, vençamos nossas dificuldades. Tenhamos em mente que a dúvida é sempre destrutiva; ao passo que a confiança é construtiva. O duvidarmos da bondade de Deus e de sua justiça e de nossas próprias forças, só nos trará tristezas e aborrecimentos.

## A consciência

Há dentro de nós uma chama divina: é a consciência. Temos necessidade do elogio de nossa própria consciência, o qual devemos buscar através de nossas ações, e não do elogio dos homens.

## O Dever

Por mais humildes que sejam nossos deveres, temos necessidade de cumpri-los escrupulosamente. O dever bem cumprido dá serenidade ao coração e tranqüilidade à consciência.

## Compreensão

Há pessoas que não nos compreendem e mesmo nos causam uma certa antipatia, infundada por vezes. É preciso que estimemos até essas pessoas; vencermos o sentimento de repulsa que nutrimos por elas e transformá-lo, pouco a pouco, em estima fraternal.

## Desculpar

Desculpemo-nos mutuamente os erros; se formos defrontados pelos erros de nossos semelhantes, sejamos os primeiros a desculpar.

## Discrição

Sejamos discretos; não bisbilhotemos a vida alheia; não percamos tempo com a maledicência, esse esquadrinhar a vida dos outros que tantos males origina.

## Colaboração

Colaboremos com todos e em todos lugares e em todas as ocasiões.

## Amor

Aprendamos a amar nossos semelhantes até ao sacrifício, se for preciso.

Estas são algumas das principais necessidades do espírito encarnado, desejoso de marchar a passos largos para a perfeição moral. Como vemos, são elas de ordem fraternal, porque o principal objetivo que devemos visar é o desenvolvimento da fraternidade em seu mais alto grau, o que virá felicitar o gênero humano.

# A REENCARNAÇÃO

O Espiritismo é uma doutrina reencarnacionista; prega a reencarnação do espírito.

Nós vivemos alternadamente no mundo espiritual e no mundo material. No mundo espiritual vivemos sem o corpo de carne; e para lá iremos através da morte, isto é, do desencarne. No mundo material vivemos num corpo de carne; e para cá viemos pelo nascimento, isto é, pela reencarnação.

As finalidades da reencarnação são três: o aprendizado, a elevação e a reparação. Por isso chegamos à Terra investidos de graves responsabilidades e com um programa definido para cumprir.

Não estamos na terra em gozo de férias, ou para vivermos ao sabor de nossa fantasia.

## Aprendizado

A Terra é uma escola na qual estamos matriculados para desenvolver as nossas faculdades nobres. Pelas numerosas experiências que a vida na terra nos proporciona, educamos o nosso sentimento, isto é, o nosso coração. A base da educação do sentimento é o grande primeiro mandamento: Amar a Deus sobre todas as coisas e ao próximo como a si mesmo. Derivam-se dele todos os outros preceitos educativos.

O aprendizado na terra também nos dá a oportunidade de instruir o nosso espírito, enchendo-o de sabedoria.

## Elevação

À medida que vamos educando nosso sentimento e adquirindo sabedoria, no mesmo passo iremos elevando-nos a planos superiores do Universo, isto é, ingressando em colônias espirituais mais adiantadas. A nossa elevação é uma conseqüência da educação de nosso sentimento e da sabedoria já conquistada.

## Reparação

Se formos maus e praticarmos o mal, teremos de arcar com as conseqüências do mal que tivermos praticado. E assim a reencarnação funciona como um corretivo ao espírito culpado. Aquilo que tivermos feito os outros sofrer, isso mesmo sofreremos durante nossas reencarnações. Contudo, a reencarnação não é um elemento corretivo apenas: é também um elemento reparador. Nas reencarnações sucessivas seremos postos em íntimo contato com aqueles a quem causamos males e infelicidades, para que possamos dar-lhes a justa reparação.

# O CICLO DAS REENCARNAÇÕES

Quantas reencarnações teremos na Terra?

Não há um número preestabelecido de encarnações para cada um de nós. Reencarnaremos tantas vezes quantas forem necessárias para nosso aprendizado, elevação e reparação. Unicamente de nós depende reencarnar mais ou menos vezes. Se nós nos comportarmos bem em cada reencarnação, reduziremos o número delas; do contrário o aumentaremos.

De um modo geral podemos classificar as reencarnações em cinco grupos que são: as felizes, as suaves, as semifelizes, as dolorosas e as sacrificiais.

## As reencarnações felizes

Caracterizam-se estas reencarnações por conferirem a seus possuidores uma quase completa felicidade; estão isentos da maioria dos males que dificultam a vida na Terra; e, em qualquer posição em que estejam colocados, nada lhes falta; estão ao abrigo dos grandes sofrimentos e da necessidade.

Merecem as reencarnações felizes os espíritos que não trazem grandes faltas a sanar das reencarnações passadas; sabem tirar bom proveito da aprendizagem e trilham o caminho da elevação.

À medida que a ignorância for sendo banida da face da Terra, o número de reencarnações felizes irá aumentando porque, então, saberemos dedicar-nos ao nosso verdadeiro bem e ao bem de nossos semelhantes.

## As reencarnações suaves

As reencarnações suaves constituem um prêmio de repouso para o espírito. Há espíritos que, como desencarnados, trabalham arduamente e por longo tempo nas regiões inferiores e de trevas do mundo espiritual; conseguem assim grandes créditos a seu favor; e como ainda não estão em condições de ascenderem a colônias superiores e pouco ou nada devem de reencarnações anteriores, é-lhes concedida uma reencarnação suave. Caracteriza-se uma reencarnação suave por facilitar ao espírito todo o necessário para sua elevação espiritual, e pondo-o ao abrigo das lutas penosas da existência terrena. Na face da Terra são numerosas estas reencarnações, como justo prêmio ao trabalho nobre e ao esforço em prol do bem aos semelhantes.

## As reencarnações semifelizes

As reencarnações semifelizes são aquelas que proporcionam ao espírito alternativas de alegrias e de sofrimentos. Sempre há um quê a não deixar o espírito gozar a felicidade completa; contudo, analisando sua vida, não poderá dizer que ela foi totalmente de desgraças: às horas tempestuosas, sucederam-se horas bonançosas; repouso e tranqüilidade depois de ásperas provações.

As reencarnações semifelizes constituem a grande, a imensa maioria na face da Terra, o que facilmente se explica: são raros os encarnados que não trazem dívidas de reencarnações anteriores; essas recaem no presente para serem pagas; e no momento de pagá-las, sobrevém o sofrimento. Todavia, uma vez liquidadas as dívidas, o espírito caminha para a felicidade, se tiver o cuidado de não contrair novas dívidas.

## As reencarnações dolorosas

As reencarnações dolorosas trazem em constante sofrimento o espírito que passa por elas. Infelizmente ainda são bastante numerosas. Merecem-nas os espíritos que muito erraram, fazendo muito mal aos seus semelhantes em encarnações anteriores; agora recebem em seus próprios corpos o reflexo do sofrimento que infligiram aos outros.

Embora saibamos que sofrem porque merecem, nem por isso devemos deixar de estender-lhes nosso afeto, nosso carinho e nossas atenções; é nosso dever fraternal amenizar-lhes o rigor da expiação, ajudando-os na áspera senda da reparação.

É este um tipo de reencarnação que tende a desaparecer de nosso planeta. Na proporção em que o homem se for moralizando, irão acabando as reencarnações dolorosas.

## As reencarnações sacrificiais

Reencarnações sacrificiais são aquelas que um espírito suporta com o fito de vir ajudar outros a se porem no bom caminho. Chamam-se sacrificiais, isto é, de sacrifício, porque os espíritos que as usam já alcançaram um grau de elevação tal que os isenta de virem passar por trabalhos e sofrimentos aqui na terra; entretanto, para aqui vêm e sofrem e lutam, dando o bom exemplo no meio em que se reencarnam; visam com isso a promover o progresso de entes queridos que tinham estacionado nas sombras do mal.

Estas reencarnações são comuns e os espíritos elevados se servem delas para promoverem a melhoria do planeta; a maior de todas foi a de Jesus.

## POR QUE O ESPÍRITO REENCARNA

Diante dos sofrimentos aos quais o espírito se expõe na terra, somos levados a perguntar por que ele se reencarna, submetendo-se, por vezes, a um duro viver.

Quando estamos desencarnados, habitando uma colônia espiritual, vemos as coisas de um modo diferente do que quando encarnados. Lá compreendemos que sem passar pelos trâmites da reencarnação, jamais adquiriremos força, poder, esplendor; nem nos será possível quitar os compromissos contraídos em antigas reencarnações; e convencemo-nos de que tudo isso só será possível mediante novas experiências na terra. E para conquistarmos graus espirituais mais elevados que constituirão nossa riqueza verdadeira, e para retificar o passado cheio de culpas, arrostamos de bom grado as incertezas das reencarnações.

O corpo humano funciona como um filtro depurador. A animalidade que trazemos de nosso passado inescrutável é retida pouco a pouco pelo filtro da carne; e de cada uma das reencarnações, o espírito sai um pouco mais depurado, um pouco menos animal, um pouco mais humanizado.

A consciência, torturada pelo remorso, encontra no corpo humano o remédio bendito de sua redenção. Os compromissos morais que assumimos conscientemente como encarnados, somente como encarnados podemos solvê-los. E enquanto os compromissos morais não forem solvidos, o remorso não deixará de perturbar o espírito culpado.

Assim é que a reencarnação reúne de novo, embora em ambiente diverso, ofendidos e ofensores, vítimas e verdugos, os quais recapitulam juntos um passado de erros, procurando corrigi-los. E quando nós nos defrontamos com portadores de moléstias presentemente incuráveis, com os aleijões, com a idiotia, com a cegueira, com a surdez, com a mudez e tantas outras, vemos irmãos que no passado se entregaram ao crime, aos vícios, à perversidade e agora, por meio do filtro da carne, procuram curar seus espíritos doentes, mutilados, enlouquecidos.

Quando desencarnados, compreendemos a extensão dos compromissos morais que assumimos e ansiamos por liquidá-los; vemos as deformidades que o vício, o crime, a perversidade, causaram ao nosso corpo espiritual; certificamo-nos, então, de que o único caminho a seguir é a reencarnação dolorosa para a obtenção da cura. E divisando novos e mais amplos horizontes, somos informados de que a reencarnação para o aprendizado e a elevação é que nos fornecerá os meios de alcançá-los. Tudo isso faz com que deixemos de lado os receios inúteis e mergulhemos nas sombras do mundo para conquistar as glórias do céu.

## POR QUE ESQUECER O PASSADO

O que estudamos sobre a lembrança dos sonhos, aplica-se também às recordações de nossas existências anteriores. Quando reencarnamos, nosso cérebro carnal, reduzindo nossas impressões espirituais a zero, não permite que nós nos recordemos das reencarnações pregressas; guarda-as adormecidas nos refolhos de nossa memória espiritual que nô-las restituirá mais tarde, ao desencarnarmos.

Todavia, além das causas próprias da matéria, há poderosas razões de ordem moral que impossibilitam a recordação do passado; vejamos as principais:

## O remorso de crimes antigos

Assim como há pessoas que erram dolorosamente hoje, é provável que tenhamos cometido desatinos em nossas vidas passadas. E se nós nos lembrássemos, o arrependimento e o remorso voltariam a torturar-nos, não deixando nossa consciência livre para que nos apliquemos à correção dos erros e à reparação dos males que fizemos no pretérito longínquo.

## A presença de antigos desafetos

Há duas forças irresistíveis que atraem os espíritos: o amor, força positiva; e o ódio, força negativa.

O amor é força positiva, porque o amor constrói.

O ódio é força negativa, porque o ódio destrói.

O amor atrai os que se amam; o ódio, os que se odeiam.

O ódio precisa ser transformado em amor e doce fraternidade deve unir-se a todos. Para que isso aconteça, os desafetos do passado são colocados juntos na reencarnação presente, comumente na mesma família, unidos pelos laços consangüíneos, para reabilitarem-se e aprenderem a amar-se uns aos outros. Por conseguinte, se não fosse o esquecimento transitório que esparge a paz nos corações, os lares terrenos em sua grande maioria seriam ninhos abomináveis de ódios inextinguíveis.

## Situação presente inferior à passada

Em cada uma de nossas reencarnações, somos colocados em situações diferentes. E se a atual posição em que estamos, for inferior à da reencarnação passada, a lembrança da grandeza do passado, agora inatingível, ser-nos-ia um tormento constante.

Do mesmo modo, se hoje estivermos reencarnados num corpo torturado por moléstias incuráveis, ou deformado, ou defeituoso, ao recordarmo-nos de que já tivemos um corpo perfeito, nossa dor seria bem maior.

### Situação presente superior à do passado

Caso a nossa situação atual for superior à antiga, a lembrança do passado humilde em confronto com a grandeza do presente, daria ensejo a que o orgulho se apossasse de nós, comprometendo nossas realizações.

### Saudade de entes queridos

Nem sempre em nossas reencarnações estamos reunidos a nossos entes queridos do passado. Pode dar-se que reencarnemos em ambiente totalmente estranho, onde iremos conquistar novos amigos, novas afeições, entregando-nos à tarefa da redenção. Então a recordação de nossos entes queridos, dos quais estamos afastados provisoriamente, faria chorar os nossos corações.

### Reincidência em vícios antigos

Outro grande inconveniente que a recordação do passado nos acarretaria, é o perigo de reincidirmos nos vícios antigos, continuando o nosso embrutecimento. Se no passado os vícios nos arruinaram e agora o esquecimento transitório possibilita nossa reabilitação, a lembrança das reencarnações mal aproveitadas dificultaria sobremaneira nossos esforços e os anularia em muitos casos.

### Rotina

Somos ainda rotineiros. Se nós nos lembrássemos de nossas reencarnações precedentes, seríamos levados a viver do mesmo modo hoje, como já o vivemos anteriormente. Nossa tendência seria continuar a viver do mesmo modo, sem procurarmos novos campos de ação. Estacionaríamos. Não progrediríamos a não ser mediante esforços sobre-humanos, dos quais a maioria das criaturas fugiria.

Pela ligeira análise que acima fizemos, ficamos compreendendo por que é necessário o esquecimento de nossas reencarnações anteriores. Porque as lembranças penosas e as angústias antigas viriam juntar-se às dificuldades de hoje e, longe de abrandá-las, agravá-las-iam. Eis explicado, embora sucintamente, porque as lembranças do que fomos anteriormente não podem ser despertadas; caso o fossem, ansiedades inúteis amargurariam os dias que agora vivemos.

Na realidade, contudo, nós não nos esquecemos de nosso passado; ele jaz latente em nosso íntimo e volta à nossa lembrança em forma de pendores, inclinações, gostos, simpatias e aversões. Todos nós temos tendências e faculdades que quase equivalem a uma lembrança efetiva de nossas vidas pregressas. Bastaria que nós nos puséssemos a analisar nossa vida presente, traçando um quadro de nossas inclinações, de nosso íntimo modo de pensar, para termos uma idéia bastante aproximada do que fomos no pretérito, porque hoje somos o produto dele.

E assim o homem inteligente evita queixar-se; sabe que através de suas queixas e lamentações, uma pessoa analisadora e observadora facilmente lhe descobrirá o passado, pelo menos em linhas gerais.

## QUANTO TEMPO PASSAMOS NAS COLÔNIAS ESPIRITUAIS

Entre uma reencarnação e outra, medeia um intervalo que não é igual para todos os espíritos; alguns demoram-se pouco tempo nas colônias espirituais; outros, mais. Sucede o mesmo que aqui na terra uns têm uma encarnação de duração longa; outros, mediana; e outros, curta.

O ditado, a vida começa aos quarenta anos, tem a sua lógica. O homem e a mulher reencarnados começam a viver plenamente a partir dessa idade. Até lá são os trabalhos para a aquisição da experiência. E atingindo a casa dos quarenta anos, pela experiência já adquirida, o homem e a mulher têm por obrigação viver uma vida em concordância com os preceitos da moral e das leis divinas.

Como não estamos aqui na terra para sempre e como não sabemos qual será a duração de nossa vida, é bom estarmos sempre com nossos negócios em ordem. Porém o fato de nossa partida poder dar-se de um momento para outro, inesperadamente por vezes, não significa que devemos cruzar os braços e esperar. O que devemos fazer é lutar, trabalhar, estudar, amar a vida até o último instante; empregar utilmente todos os nossos momentos; não desprezar nada que possa enobrecer nosso caráter; aplicar-mo-nos o mais possível ao bem de nossos semelhantes e a realizações dignas; desfazer ódios e inimizades; aproveitarmos todas as oportunidades para corrigir tudo quanto notarmos que fizemos errado nos anos anteriores; e sobretudo começar a desapegarmo-nos das coisas terrenas, uma vez que não poderemos levá-las conosco. É preciso que saibamos que nossa tranqüilidade no Além dependerá exclusivamente de como estamos empregando nossos atuais anos de vida na terra.

Quanto ao tempo que um espírito passa no espaço, isto é, em sua colônia espiritual, podemos agrupar as reencarnações em quatro tipos, que são: reencarnações rápidas, reencarnações demoradas, reencarnações difíceis e reencarnações compulsórias.

## Reencarnações rápidas

Reencarnações rápidas são aquelas que se seguem logo após a reencarnação anterior, ficando o espírito pouco tempo na colônia espiritual. Trabalham por reencarnar rapidamente os espíritos que deixaram muitas coisas por fazer na terra e compreendem que só quando as tiverem feito poderão adiantar-se e obter a tranqüilidade de consciência. Outros procuram também reencarnar depressa para acompanharem o progresso do grupo a que pertencem e cujos componentes, por vezes, estão todos reencarnados.

## Reencarnações demoradas

Quando entre uma e outra reencarnação medeia um longo intervalo, dizemos que a reencarnação é demorada. Poderemos permanecer por muitos anos em nossa colônia espiritual, por três motivos principais:

1º — Se tivermos cumprido todos os deveres que a última reencarnação nos impôs e nada, ou quase nada, deixamos por fazer, não há necessidade de uma reencarnação rápida.

2º — Outras vezes demoramo-nos a reencarnar, esperando os membros de nosso grupo desencarnarem para que, todos reunidos na colônia espiritual, tracemos em conjunto nossos planos de realizações futuras.

3º — E por fim, podemos permanecer por muito tempo desencarnados para que, com mais facilidades, dediquemo-nos a estudos prolongados na colônia espiritual em que habitamos.

## Reencarnação difícil

Nem sempre conseguimos reencarnar com facilidade. Isto acontece quando não soubemos dar o devido valor à reencarnação precedente, malbaratando-a ou concorrendo para a destruição da reencarnação dos outros. Esses são os casos mais comuns que podem dificultar nossa reencarnação. Temos então de trabalhar arduamente por longo período, até mesmo por séculos, para conseguir uma oportunidade de reencarne. E assim aprendemos a valorizar o corpo humano, nosso instrumento de trabalho na terra..

## Reencarnações compulsórias

Há espíritos que não querem reencarnar-se; grandes devedores querem fugir da reencarnação, esquivarem-se dela. Outros não cogitam absolutamente de se reencarnarem, ou por ignorância ou por comodismo. E como não podem ficar indefinidamente estacionários, são compelidos a reencarnarem-se; do contrário não progrediriam.

# O LIVRE-ARBÍTRIO NA REENCARNAÇÃO

À medida que o espírito se esclarece, despe-se da ignorância e aprende a pensar por si mesmo, vai usando cada vez mais o seu livre-arbítrio.

Os espíritos adiantados usam plenamente de seu livre-arbítrio, porque sabem respeitar as leis divinas.

Os espíritos atrasados têm o seu livre-arbítrio controlado até certo ponto por seus superiores espirituais.

Os espíritos que se reencarnam compulsoriamente não usam de seu livre-arbítrio; suas reencarnações são preparadas por seus superiores de acordo com suas necessidades.

No estado de desencarnados usamos nosso livre-arbítrio no preparo dos planos de nossa futura reencarnação. Para isso, naturalmente, não deixamos de receber a supervisão e a cooperação de espíritos mais adiantados do que nós, os quais nos auxiliam com sua experiência. Damos então um balanço em nossas reencarnações passadas; vemos o que foi e o que não foi realizado; inteiramo-nos das obrigações que ainda nos faltam cumprir; cientificamo-nos dos erros que precisamos corrigir; percebemos as nossas faculdades morais e intelectuais que ainda estão por desenvolver. De posse destes elementos, estamos aptos a traçar o plano de nossa próxima vida na Terra.

Vem-nos agora à mente uma interrogação: sabemos então, de antemão, o que nos aguarda na Terra, isto é, conhecemos nosso futuro?

Sim, é natural que, ao planejarmos nossa reencarnação, saibamos como ela se desenvolverá em linhas gerais, não se precisando as minúcias apenas. E quando entramos na posse de nosso corpo terreno, esquecemo-nos do que combinamos em nossa colônia espiritual e o plano começa a se desenvolver.

O desconhecimento do futuro, quando reencarnados, nos traz duas grandes vantagens:

1ª — Caso soubéssemos que o futuro nos seria adverso, não teríamos coragem para nada e gastaríamos o tempo em lamentações.

2ª — E no caso de nos ser ele próspero, cruzaríamos os braços e esperaríamos que ele chegasse.

E onde estaria o progresso de nosso espírito, como cumpriríamos nossos deveres de aprendizado, de elevação e de reparação? Tal como a lembrança do passado, o conhecimento do futuro seria carga pesada demais para nós.

Uma vez reencarnados, a execução do plano depende de nossa vontade; sempre que agirmos mal é sinal evidente de que nos estamos desviando do plano traçado na espiritualidade, porque jamais se formulam planos cujo escopo seja o mal.

Há três causas que podem induzir-nos ao mal: a fraqueza, a ignorância, o endurecimento.

A fraqueza é a falta de força moral para cumprirmos nossos deveres de amor para com nossos semelhantes. Freqüentemente perdemos excelentes oportunidades de praticar o bem por comodismo, ou por não querermos esforçar-nos um pouco.

A ignorância das coisas espirituais nos leva com facilidade ao erro.

Quando erramos por endurecimento, erramos com conhecimento de causa. Sabemos como agir bem; sabemos que não devemos praticar determinadas ações; porém o orgulho nos endurece o coração e contrariamos as leis divinas.

O remédio contra a fraqueza é fortificarmo-nos moralmente pela prece e vigiar para que não nos escapem as ocasiões de sermos úteis.

Contra a ignorância espiritual, o remédio é a instrução religiosa e pautarmos nossa vida pelos preceitos morais evangélicos.

E contra o endurecimento, o remédio é tratarmos de desenvolver a humildade em nossos corações. Uma vez desenvolvida a humildade, acaba-se o endurecimento pela extinção do orgulho que lhe deu origem.

Por vezes reencarnamo-nos para terminar trabalhos iniciados em reencarnações anteriores. Certamente não vamos encontrar o ambiente terreno, nem as coisas tais quais as deixamos ao voltar para o mundo espiritual no passado. Tudo se modifica continuamente. Todavia, ao traçar os planos de nossa reencarnação, aproveitamos os elementos e conhecimentos de que dispomos, frutos de experiências já adquiridas, e os aplicamos às obras a que nos vínhamos dedicando, visando aperfeiçoá-las.

É muito útil, por conseguinte, que envidemos todos os nossos esforços no sentido de criarmos desde já facilidades para nossas reencarnações futuras: um bem que fizermos, uma árvore que plantarmos, uma casa que construirmos, os filhos que educarmos, o cumprimento rigoroso de nossos deveres, as amizades que cultivarmos, as possibilidades de trabalho digno que criarmos para os outros, os amigos que conquistarmos, as boas leituras, os estudos, os bons sentimentos que desenvolvermos, a harmonia familiar, o amor e a fidelidade conjugais, o cuidado de não criarmos inimigos, tudo são fontes de facilidades para as reencarnações futuras, ajudando muito na preparação delas e possibilitando levar avante as obras pelas quais nos interessamos.

# O ESPÍRITO DURANTE A GESTAÇÃO

Logo que o óvulo é fecundado no organismo materno, inicia-se a reencarnação do espírito. E o futuro corpo humano vai formando-se átomo por átomo, molécula por molécula; e o espírito vai ligando-se a ele também átomo por átomo e molécula por molécula, até o dia em que se completa a reencarnação com o nascimento.

Ao receber permissão para reencarnar-se, o espírito começa seus preparativos; primeiramente se desliga de seus compromissos na colônia espiritual onde habita; depois estuda o plano de sua futura vida terrena, procurando fixar na memória espiritual os principais problemas que o defrontarão na terra e as soluções mais acertadas; em seguida, acompanhado de amigos e dos encarregados de proceder aos trabalhos de reencarne, desce ao seio da família que o abrigará. E tão logo se der a concepção e a sua conseqüente ligação ao corpo que começa a formar-se, o espírito vai perdendo a memória espiritual e os movimentos livres, ficando como que entorpecido, para despertar depois, já reencarnado. Se durante a gestação nós pudéssemos ver o espírito, vê-lo-íamos já em forma de uma criancinha amorosamente enlaçada ao colo materno.

## RECEPÇÃO DO ESPÍRITO QUE SE REENCARNA

Enquanto do lado invisível a nossos olhos, os encarregados da reencarnação trabalham para que ela se efetue normalmente, ajudando o reencarnante até o último momento, cuidados especiais também se tomam de nosso lado.

Em duas partes se dividem as providências a ser tomadas para a recepção do espírito que se reencarna: uma delas é a parte material visando prover o recém-nascido do que ele necessitará como encarnado; a outra é a parte moral que visa a preparação espiritual do ambiente.

A preparação espiritual do ambiente do lar deve começar desde o primeiro instante da concepção. Devemos compreender que se está processando um ato dos mais respeitáveis, o qual acarreta conseqüências de profunda repercussão: de um lado temos um espírito imergindo na carne, com seu organismo espiritual completamente transformado para atender aos imperativos da reencarnação; do outro lado temos o organismo materno passando por alterações dolorosas. Daí a necessidade de se criar ao redor da gestante uma atmosfera de carinho, de tranqüilidade, de júbilo, de confiança e de respeito; todos devem concorrer para facilitar-lhe ao máximo a tarefa divina. Lembremo-nos de que a futura mãe está trazendo em seu seio não só o corpo que se está formando, como também um espírito que se reencarna; e de que ela está rodeada constantemente de amigos espirituais, invisíveis para nós, auxiliando-a e desejosos de nossa cooperação. Os mais puros e nobres pensamentos devem envolvê-la.

Como poderoso meio de purificação do ambiente, recomendamos o cultivo da oração por todos os membros da família, não só em benefício do espírito que se está reencarnando, como também da futura mãe; esta, por sua vez, se esforçará por manter bons pensamentos e não se esquecerá de suas orações diárias.

## O CRIME DO ABORTO

Um mal que muito se tem generalizado, principalmente nas cidades grandes, é o aborto provocado. As mais tolas razões são invocadas para desculpar esse ato que frustra a reencarnação de um espírito e põe em risco a vida da mãe e sempre lhe arruína a saúde.

O aborto provocado é um crime; as leis humanas se movimentam para punir os culpados; entretanto, como é praticado dentro do maior segredo, ficam impunes na terra. Todavia os responsáveis pelo aborto provocado não escapam das penalidades que as leis universais, regedoras de seus destinos, lhes impõem; decepções e sofrimentos os aguardam no limiar do mundo espiritual para onde irão quando desencarnarem, com profundas repercussões em suas reencarnações futuras.

Vimos que o espírito começa a ligar-se ao corpo em formação no seio materno, desde o instante da fecundação do óvulo, isto é, da concepção. Embora ainda não esteja formado na ocasião do aborto provocado, o feto tem vida própria, porque a ele está ligado um espírito. E esse espírito, durante longos anos, preparou-se para reencarnar; traçou planos de sua vida na terra, suportou em seu organismo espiritual operações trabalhosas, próprias para facilitar-lhe a reencarnação; e pelo aborto provocado todo esse ingente esforço fica perdido.

Uma vez ligado à matéria, o espírito em processo de reencarnação começa a ficar com sua memória espiritual obliterada pela densidade do corpo físico que se forma. E assim ao ser provocado o aborto, o espírito recebe um choque horrível, equivalente ao choque de um desencarne violento e doloroso; e em condições lamentáveis de sofrimento e de perturbação, retira-se do seio que o abrigava.

Agora, se o espírito que se reencarna e teve sua reencarnação frustrada pelo aborto provocado, for um espírito compreensivo e de sentimentos nobres e elevados, quando consegue recompor-se do desastre que sofreu, perdoa e aguarda outra oportunidade. Porém se for um espírito de pouca compreensão e não possuir ainda elevação e nobreza de sentimentos, ao dar-se conta do mal que lhe causaram, transforma-se imediatamente num inimigo rancoroso à espera do momento oportuno para vingar-se.

Pelas razões expostas concluímos que sejam quais forem as circunstâncias em que se deu a concepção; seja qual for a situação dos responsáveis por ela, tanto o homem como a mulher, é sempre preferível para a tranqüilidade futura, permitirem que ela se processe normalmente, do que comprometerem o futuro praticando o crime do aborto, o qual diante das leis divinas equivale a um assassínio.

## O ESPÍRITO NA INFÂNCIA

Uma vez que a lembrança do passado oblitera-se pela densidade do corpo terrestre, o espírito se apresenta na fase infantil revestido da pureza e da inocência; esqueceu o que praticou no passado e também os hábitos adquiridos; está portanto em condições de ser novamente moldado, isto é, reeducado por seus pais.

Todavia, do passado remoto, o espírito traz vagas lembranças que se traduzem na presente reencarnação pelas tendências ou vocação, que desde cedo a criança começa a demonstrar.

Há crianças que manifestam tendências para o bem e para as coisas elevadas; outras, para o mal e para a prática de baixezas; outras, enfim, apresentam uma mistura de boas e de más inclinações.

Os pais devem ser educadores vigilantes; desde que a crianças nasce, precisam dedicar-se a descobrir-lhe, a estudar-lhe as tendências, para combater as más e estimular o desenvolvimento das boas; com isto farão com que seus filhos aproveitem totalmente a nova reencarnação que lhes foi concedida.

A tarefa pode ser fácil e pode ser difícil; é fácil quando a criança tende para o bem e para as coisas elevadas; nesse caso basta que os pais se limitem a não criar empecilhos ao desenvolvimento normal das boas tendências, estimulando-as o mais que puderem.

Quando a criança apresentar boas e más propensões, a tarefa dos pais se torna mais difícil. Cumpre-lhes traçar um quadro dividido em duas partes: numa anotarão os bons e na outra os maus pendores que irão descobrindo c observando cm seus filhos; e o esforço dos pais será o de fazer com que os bons se desenvolvam para destruírem os maus.

Por fim a missão dos pais se torna sumamente penosa, complexa e difícil quando a criança revela somente más disposições. Nesse caso, muito carinho, muito cuidado, muita atenção, muito amor, grande devotamento e abnegação, os pais deverão aos filhos que apresentarem rebeldia ao bem. Do mesmo modo, organizarão um quadro no qual marcarão o que forem observando; e à medida que se manifestem as más inclinações, serão combatidas imediatamente.

Jamais os pais se esquecerão de que o exemplo é o melhor dos mestres. Por isso os pais viverão uma vida digna, honrada, sóbria, pura, que sirva de modelo a seus filhos. É importante também que os pais vigiem cuidadosamente a amizade de seus filhos, para que não se contaminem desde cedo com os exemplos dos vícios e dos maus comportamentos.

É, por conseguinte, o período infantil a ocasião propícia para a construção das bases da vida. O adulto vive geralmente segundo a orientação que recebeu na infância.

## PRINCÍPIOS EDUCATIVOS

O primeiro cuidado que os pais terão ao receber seus filhos, é lembrar-se de que seus filhos, antes de ser seus filhos, já o eram de Deus. Os pais são depositários dos espíritos que lhes foram confiados e por esse depósito responderão mais tarde, no mundo espiritual para onde serão chamados.

É mister que os pais preparem seus filhos para o trabalho e para a luta que os aguardam no decurso da existência.

O trabalho e a luta não se apresentam de chofre ao espírito reencarnado; a princípio é a calma e a tranqüilidade do lar paterno e a despreocupação da infância; aos poucos, à medida que o corpo se desenvolve, começam os trabalhos e as preocupações da adolescência; depois os da mocidade, em seguida os da madureza, para culminar com os da velhice.

A força que habilita o espírito reencarnado a sofrer os golpes e os trabalhos rudes da vida, deve ser haurida na infância.

É dever dos pais lembrar também de que seus filhos não são melhores nem piores do que os filhos dos outros; como os filhos de todos os outros pais, são espíritos em tarefas de regeneração, de elevação e de aprendizado, não gozando, por conseguinte, de nenhum privilégio. Devem, pois, os pais tratar os filhos alheios em pé de igualdade com os seus, exemplificando assim perante eles o sublime sentimento da fraternidade.

Na escola do lar os pais ensinarão a seus filhos, e farão com que eles compreendam, que toda a dor é digna de respeito pelos princípios enobrecedores que confere ao espírito; e também que todo o trabalho edificante é divino, porque só pelo trabalho honesto é que o espírito se regenera, aprende a elevar-se. Ensinarão a seus filhos a não desperdiçar coisa alguma, porque todo o desperdício é uma falta grave, por destruir coisas essenciais à vida. Outro ponto importante a ensinar-lhes é o respeito pelo infortúnio alheio. Os infortunados estão passando por provas dolorosas, frutos do passado delituoso, ou de erros do presente; são, contudo, merecedores de respeito e carinho para que mais facilmente resgatem os débitos penosos. E sabem os pais, porventura, as experiências pelas quais seus filhos terão de passar? Quantos infortunados de hoje não foram afortunados nas casas de seus pais!

Os pais trabalharão por erguer o sentimento de seus filhos para Deus. Assim lhes ensinarão que há uma Providência Divina regendo todas as coisas e ante cuja vontade deverão curvar-se com humildade.

No lar, sob a orientação de seus pais, os filhos aprenderão a ser humildes e perseverantes; a não se iludir com os triunfos transitórios do mundo, entregando-se ao orgulho que corrói o espírito, aniquilando as boas qualidades do coração; e a cultivar a perseverança no trabalho e no estudo e em todos os esforços para o bem.

Compreendemos agora quão útil e precioso é o período infantil! A fraqueza da infância torna as crianças flexíveis aos conselhos daqueles que têm a seu cargo a educação delas. Passado esse período, entra a criança na adolescência, na qual já deve entrar preparada para o desabrochar de um bom caráter.

## O ESPÍRITO NA ADOLESCÊNCIA

A adolescência é o período em que o espírito reencarnado começa a dar os primeiros passos sozinho; ainda está sob a vigilância e a guarda de seus pais mas já goza de um pouco de liberdade para dirigir-se.

A fase da adolescência é mais delicada do que a infantil. Na infância, os pais exerciam completo domínio sobre os filhos; na adolescência notam que esse domínio se vai restringindo; defrontam-se então com vontades que, por vezes, são diversas das suas, demonstrando os filhos outro modo de pensar, de viver, de sentir a vida.

Os pais devem saber adaptar-se a esse novo estado de coisas; na infância foram educadores; na adolescência devem ser conselheiros, amigos, irmãos de seus filhos. Devem os filhos perceber nos pais não mais a autoridade paterna mas a amizade carinhosa e a experiência dos mais velhos a guiá-los na vida que principiam a viver.

É na adolescência que se acentuam as tendências do espírito reencarnado; essas tendências, corrigidas pela educação recebida na infância, formam-lhe o caráter.

Na adolescência completa-se a educação; porém se o espírito não foi acostumado aos bons hábitos desde a infância e se os pais não aproveitaram o período infantil para incutir em seus filhos os bons princípios educativos, pouca coisa será conseguida na adolescência. Daí a importância da boa educação ministrada na infância, quando os maus pendores eram plantinhas tenras que podiam ser extirpadas com facilidade; na adolescência elas já têm raízes fortes e resistem ao trabalho educativo. Contudo, cumpre não desanimar; é continuar a luta para que o reencarnado possa entrar na idade madura o mais retificado possível.

## O ESPÍRITO NA IDADE MADURA

Depois de passar pela adolescência, entra o reencarnado na idade madura que se prolongará até a velhice.

Na madureza, o espírito reencarnado se revela tal qual é, com as modificações que lhe foram impostas pela educação, pela instrução, pelo meio em que se reencarnou e pelo aprendizado recebido na infância e na adolescência; goza então de inteira liberdade e é plenamente responsável por seus atos.

É na idade madura que executamos os planos traçados quando estávamos em nossa colônia espiritual.

Para não falharmos é preciso que nós nos revistamos de humildade, do desejo sincero de pautar nossos atos pela mais alta moral e resistir a todas as tentações do mal, dos vícios e do egoísmo. É preciso que reflitamos bem antes de praticar nossas ações, para que depois não nos entreguemos ao arrependimento e ao remorso de termos prejudicado ou feito sofrer os outros.

Perguntamos agora: como desenvolveremos os planos previamente concebidos, se a reencarnação nos impôs o esquecimento?

Realmente, a reencarnação nos impôs o esquecimento não só das reencarnações anteriores, como também do que se passou conosco em nossa colônia espiritual. Contudo, em nossa atual reencarnação fomos colocados na posição exata para darmos cumprimento com êxito de nossas obrigações. E durante nossa vida de reencarnados somos guiados invisível e intuitivamente à realização daquilo que nos propusemos; e à medida que se tornam necessários, são-nos concedidos os recursos para o bom desempenho de nossos trabalhos aqui na terra.

Sabemos perfeitamente, e é lógico assim pensar, que ninguém se reencarna para praticar o mal; aqueles que se entregam ao mal, ou que não pautam suas vidas pela moralidade, ou que não espalham contentamento e alegria ao seu redor, ou que se encerram no egoísmo feroz, esses são espíritos infelizes que desprezaram a oportunidade de se regenerar e de se elevar.

Assim podemos afirmar que o nosso programa a desenvolver como espíritos reencarnados que somos, é mais ou menos o seguinte: aprender tudo o que pudermos de bom e de útil; guiar para o bem aqueles que nos forem confiados; fazermos o maior número possível de benefícios; jamais praticarmos o mal; não cultivarmos vícios e sim virtudes; sermos resignados e pacientes na adversidade, humildes na prosperidade; perdoarmos sempre; servir continuamente a nossos semelhantes; enfim, procurarmos atingir a perfeição moral.

Em linhas gerais esboçamos aquilo que devemos realizar na terra. E quando chegarmos à idade madura em que temos ampla liberdade para gerir nossa vida, se seguirmos o esboço acima não nos afastaremos do que tínhamos resolvido antes de reencarnar.

## O ESPÍRITO NA VELHICE

O espírito não envelhece, torna-se experiente. A velhice do espírito é a experiência que ele vem acumulando durante os milênios.

Todavia, quando estamos reencarnados nosso corpo envelhece, isto é, apresenta os sinais do desgaste próprio das coisas materiais.

A velhice é a fase gloriosa de nossa vida. Ao relembrarmos o passado distante, vemos que vão longe os trabalhos e as canseiras e próximo vem o dia da alforria, o dia em que voltaremos para nossa colônia espiritual, de onde há tanto tempo partimos. Um misto de esperanças e de receios nos assalta: de esperança pela certeza que temos de nossa imortalidade, da continuação de nossa vida em outros planos luminosos do Universo, na companhia dos entes queridos que nos precederam na partida; e de receio por sentirmos que nos vamos defrontar com algo que nos parece desconhecido.

Os receios são infundados; quando nosso espírito se desprender definitivamente do corpo e nossos olhos materiais se fecharem para sempre, abrem-se os olhos do espírito ressurrecto e braços carinhosos se estendem para receber-nos.

A nossa felicidade na velhice não consiste em termos amealhado copiosos bens materiais; ela consiste em possuirmos a tranqüilidade de consciência, a paz interior, a satisfação de nunca termos prejudicado ninguém, de termos vivido uma vida reta, moralizada, honesta; e fossem quais fossem as tempestades e as tentações que nos assaltaram em nossa jornada, sempre soubemos conservar nossa dignidade, nossa honradez e prezar nosso caráter.

Felizes, três vezes felizes os velhos que possuem uma consciência tranqüila, uma consciência que não os acuse de nada! Que ao recordarem a vida já vivida, verificam que cumpriram nobremente todos os seus deveres, mesmo no meio de circunstâncias penosas! Esse é o maior tesouro; o grande tesouro que levarão consigo para a pátria espiritual; é o tesouro que nem as traças corroem, nem os ladrões roubam.

Trabalhemos, pois, incessantemente por possuirmos uma consciência tranqüila e pura, porque é o maior bem a que devemos aspirar; porque é sinal seguro de que cumprimos satisfatoriamente as obrigações que assumimos ao mergulharmos nos fluidos densos da carne.

## A PERFEIÇÃO MORAL

Todos os nossos esforços devem tender a conseguirmos a perfeição moral, único meio de aproveitarmos totalmente nossa reencarnação.

A perfeição moral é a chave que nos abre as portas dos mundos e das colônias espirituais superiores; granjeia-nos aqui na terra o respeito e a estima dos homens e nos dá a tranqüilidade de consciência.

É preciso que nos esforcemos por não cometer nenhuma falta, em tempo algum. E como já sabemos distinguir o bem do mal, é lógico e sensato que devemos sempre cultivar o primeiro e evitar o segundo.

Não nos iludamos, todavia, julgando que isso seja tarefa fácil; não é; requer muita vigilância sobre nossos atos, muita atenção e sobretudo grande força de vontade.

Aos nossos leitores que desejarem trabalhar pelo seu aperfeiçoamento moral, propomos o seguinte roteiro que, bem seguido, os conduzirá a resultados surpreendentes e compensadores do sacrifício que fizerem:

### Temperança

Não comas nem bebas demais. Evita o fumo e o álcool. Modera os teus desejos. Refreia tuas ambições.

### Silêncio

Fala apenas o que pode beneficiar os outros ou a ti mesmo. Evita conversas fúteis. Não te entretenhas com conversas ou leituras nocivas.

### Ordem

Que todas as tuas coisas tenham o seu lugar e todas as tuas obrigações sejam feitas em seu devido tempo. Cumpre rigorosamente teus deveres materiais e espirituais.

### Resolução

Resolve fazer o que deve ser feito e faze com decisão o que tiveres resolvido fazer. Sê resoluto e firme em uma conduta reta, nunca te desviando nem mesmo para servir a amigos. Teu propósito é servir a Deus e não a caprichos de amigos ou de familiares.

## Frugalidades

Não faças gastos a não ser para beneficiares os outros ou a ti mesmo. Não desperdices nada. Evita o jogo, qualquer que seja. Não contraias empréstimos. Vive unicamente de teus honorários ganhos honestamente. Antes de assumires um compromisso presta muita atenção.

## Indústria

Não percas tempo; estejas sempre ocupado em fazer alguma coisa proveitosa. Divide o dia: oito horas para o trabalho; oito, para o repouso, e oito, para as restantes obrigações, inclusive diversões diversas, orações e estudos. Sê útil a todos, não importando a crença, a cor, a raça, ou a posição social a que pertençam.

## Sinceridade

Não uses de mentiras perniciosas. Pensa inocente e justamente. E quando falares, fala sinceramente. Não digas mentiras agradáveis a quem quer que seja; nem verdades desagradáveis que possam ofender ou humilhar. Usa do silêncio quando não puderes ajudar pela palavra.

## Justiça

Não desprezes as oportunidades de servir a teus semelhantes. Defende os que forem injuriados ou caluniados injustamente. Aceita as ofensas pessoais com resignação.

## Moderação

Evita os extremos. Não te ressintas de injúrias ou males que te causarem. Não guardes rancor, nem ressentimentos de ninguém. Cultiva a harmonia entre ti e os outros. Sê enérgico apenas para contigo mesmo; moderado para com os outros.

## Pureza

Mantém em toda parte pensamentos puros.

## Tranqüilidade

Não te perturbes por bagatelas, ou por acontecimentos que não podes evitar. Teu caráter deverá ser brando, sereno, construtivo. Vigia teus pensamentos para que eles sejam harmoniosos. Não te entregues à ira, nem ao nervosismo.

## Castidade

Guarda fidelidade ao altar doméstico. Vê no sexo oposto irmãs ou irmãos.

## Humildade

Procura imitar Jesus, vivendo de acordo com seu Evangelho. Jamais desprezes alguém, por mais modesta que seja a criatura.

Os preceitos acima não são para ser lidos uma vez apenas e depois esquecidos; devem ser meditados e seguidos rigorosamente. Durante o dia esforcemo-nos por pô-los em prática; à noite, ao deitarmo-nos, façamos um exame de consciência para ver se não transgredimos nenhum deles. Em pouco tempo, descobriremos os pontos fracos de nosso caráter e então os combateremos com mais facilidade.

Aos preceitos acima, ajuntaremos mais os seguintes princípios de conduta religiosa:

Evita seguir religiões dogmáticas. As religiões dogmáticas, por não trazerem auxílio ou benefício ao espírito, constituem um entrave ao progresso espiritual de quem as professa. E como o progresso espiritual é uma das finalidades da reencarnação, as religiões dogmáticas causam o estacionamento espiritual de seus profitentes.

Se és casado, ou casada, e tua companheira, ou companheiro, não compartilha de teu modo de pensar, segue em separado o teu caminho espiritual.

Se és solteiro, ou solteira, e vieres a construir teu lar, que tua companheira, ou companheiro, pelo menos aceite o princípio da Reencarnação e o da Imortalidade da alma.

Guia teus filhos dentro da doutrina que professas, fazendo com que eles assistam às aulas do Catecismo Espírita, bem como a todos os trabalhos do Centro Espírita, compatíveis com a idade deles.

Estuda o Evangelho e a Doutrina Espírita.

Faze tuas orações em hora certa, diariamente.

Institui o culto do Evangelho em teu lar, uma vez por semana, pelo menos.

Não forces ninguém a aceitar tuas idéias religiosas.

Analisa todas as opiniões a respeito de tua doutrina.

E lembra-te de que: Há um só Deus que criou o Universo e tudo o que o Universo contém; ele é o teu pai celeste, ao qual deves respeito e amor; governa o Universo por meio de leis sábias; pode ser amado pela adoração, pela prece e pela gratidão; mas a melhor maneira de o amares é fazendo o bem ao teu próximo.

Tu és imortal e progrides através de sucessivas reencarnações.

As leis divinas recompensam o bem e a virtude e punem o mal e os vícios, agora ou no futuro.

Acabamos de estudar um roteiro seguro para que possamos aproveitar integralmente nossa reencarnação. Como vimos, não é um trabalho tão fácil como a princípio parece. Contudo não é irrealizável e está ao alcance de todos nós, bastando para isso que tenhamos boa vontade.

## O SOFRIMENTO

O tão debatido problema do sofrimento humano só pode ser compreendido à luz dos ensinamentos do Espiritismo.

Quando Jesus foi preso, um dos que estavam com ele, metendo a mão à espada, desembainhou-a e ferindo a um servo do sumo pontífice lhe cortou uma orelha. Então lhe disse Jesus: Mete a tua espada no seu lugar; porque todos os que tomarem a espada, morrerão à espada.

E quando pronunciava o Sermão da Montanha, Jesus afirmou: ... e com a medida com que medirdes, vos medirão também a vós.

Resumidas, essas lições de Jesus significam: Aquilo que fizeres aos outros, isso mesmo receberás.

Assim é fácil compreendermos que sejam colhidos pela dor os que não mantêm um reto proceder. Porém quantas vezes vemos criaturas, cujas vidas são irrepreensíveis, às voltas com o sofrimento; e outras, que vivem afastadas do bem, parecerem bafejadas pela boa sorte. Diante disso a revolta costuma aninhar-se no coração dos sofredores.

Nenhum sofredor se revoltaria, se todos fossem convenientemente esclarecidos. Os sofredores podem ser divididos em dois grupos. Num grupo situam-se os que, diante da afirmativa evangélica, procuram compreender as causas de seus sofrimentos. E como mantêm o coração humilde e resignado perante os desígnios do Altíssimo, intuitivamente percebem a justiça que se cumpre e daí lhes advém grande conforto moral. Ao outro grupo pertencem os sofredores revoltados. Estes, insurgindo-se contra o corretivo que lhes é imposto pelas leis divinas, tornam-se surdos às intuições confortadoras que lhes dirigem seus amigos do plano espiritual e cegos ao influxo benéfico dos ensinamentos evangélicos; e assim anulam a cura que o sofrimento traria a seus espíritos doentes.

Completando as lições de Jesus, vem agora o Espiritismo com novas lições de grande alcance para todos os que sofrem e também para os que desejam evitar sofrimentos futuros.

Lembremo-nos constantemente de que uma vida ou uma reencarnação que passamos aqui na terra, é o reflexo e a conseqüência de nossas vidas ou reencarnações passadas, principalmente da última. Do mesmo modo, nossa futura reencarnação será conseqüência e reflexo da atual.

Eis porque há pessoas que nada de mal fizeram na vida presente e sofrem; é porque se hoje são bondosas já foram más no passado e arcam agora com as conseqüências do mal que espalharam. Dessa maneira, devemos ter piedade das pessoas que praticam o mal e ficam impunes; nas reencarnações futuras envergarão os corpos dos sofredores e então prestarão contas das más ações que tiverem cometido.

Nós somos os construtores de nosso próprio Destino. Este, segundo nossas obras, poderá ser uma aurora de luz, ou o catre doloroso do sofrimento. A esse respeito, eis como se expressa um generoso mentor da espiritualidade:

"Nas estradas em que buscamos a luz da salvação, encontramos os mais díspares seres humanos. Ali, depara-se-nos um homem impiedoso, detentor de sólida fortuna; acolá, debate-se um justo entre a fome e a enfermidade que parecem intermináveis. Num mesmo lar nascem santos e ladrões. Há pais excelentes cujos filhos são indesejáveis, monstruosos. Uma via pública exibe jovens elegantes e miseráveis criaturas que se arrastam entre a lepra e a cegueira. Poderíamos admitir que o Criador, magnânimo e sábio, deixasse de ser pai para ser um experimentador desalmado? Não admitamos esse absurdo teológico, mas ponderemos na verdade de que se cumpre desde agora o "a cada um segundo suas obras", dos ensinamentos de Jesus. Na obra divina, infinita e eterna, cada filho tem responsabilidades próprias. A criatura se engrandecerá ou submeter-se-á ao rebaixamento, conforme utilize as possibilidades recebidas. No caminhar de cada dia, podemos observar os que ascendem apesar dos dolorosos testemunhos, os que estacionam em receios inúteis, os que resgatam e os que contraem novas dívidas.

Diante de tão nobres palavras, doravante encaremos o sofrimento como uma escada de misericórdia por cujos degraus subiremos às esferas felizes.

# A LEI DO CHOQUE DE RETORNO

Convençamo-nos de uma verdade: o que fizermos de bom, de virtuoso, de honesto, de benéfico aos outros, voltará a nossas mãos em forma de saúde, bem-estar, conforto, alegria, felicidade, facilidades de viver, estancando assim a fonte de sofrimentos. E o que fizermos de mau, de vicioso, de desonesto e de prejudicial aos nossos semelhantes, do mesmo modo virá ter conosco, gerando-nos dissabores.

É a lei do choque de retorno que se enuncia assim: "Tuas ações, depois de atingirem o objetivo para o qual as criaste, voltarão a ti próprio, produzindo em ti mesmo os mesmos efeitos".

É a lei do choque de retorno que não deixa nada impune. Nossos menores e quase despercebidos atos são castigados ou recompensados por ela. E explica-se, por conseguinte, porque há pessoas que na atual reencarnação nada de mal fizeram e estão a braços com o sofrimento, algumas visitadas por ele desde o berço. É a lei do choque de retorno que está funcionando: cometeram no passado ações que não deviam e recebem agora, em si próprios, os efeitos que produziram nos outros.

É sabedoria, portanto, acionarmos a lei do choque de retorno sempre a nosso favor. E para isso é preciso que sejamos bondosos para com todos.

## CAUSAS DO SOFRIMENTO

Quanto às causas que dão origem ao sofrimento podemos resumi-las em três grupos que são:

1º – O mal que fizemos ou viermos a fazer aos outros.

2º – O mal que fizemos ou viermos a fazer a nós próprios.

3º – Nossa indiferença pelo progresso.

### O mal que fizemos aos outros

Há inúmeras maneiras de fazermos o mal aos outros: a maledicência, a calúnia, os prejuízos que lhes causamos, a vida que lhes tiramos, enfim, todos os atos que causarem sofrimentos e perturbações a nossos semelhantes, uma vez praticados por nós, colocam-nos na dependência dolorosa da lei do choque de retorno. E uma vez que movimentamos essa lei pelo lado do mal, ela nos devolverá o mal que tivermos feito aos outros, quer nesta ou nas reencarnações futuras. Daí a necessidade imperiosa de jamais prejudicarmos os outros, nem por palavras, nem por atos; porque o prejuízo que causarmos aos outros, redundará em nosso próprio prejuízo. E assim, aqueles que sofrem, se examinarem o seu padecer à luz do choque de retorno, facilmente descobrirão em que erraram outrora para serem punidos hoje.

## O mal que fizemos a nós mesmos

Não é, contudo, somente o mal que causamos aos outros, a origem de nosso sofrimento; há também o mal que causamos-a nós próprios.

Nosso corpo é um instrumento de trabalho que nos foi concedido pelo Altíssimo; por conseguinte, é nosso dever conservá-lo carinhosamente. Sempre que estragamos nosso corpo pelos vícios, pela incontinência, pela luxúria, pelos excessos, estamos sujeitos a receber na reencarnação seguinte um corpo doentio, a refletir o desgaste inútil a que submetemos o corpo de nossa reencarnação anterior. E aqueles que deliberadamente destroem seus corpos, isto é, suicidam-se, abrem uma fonte de tormentos para si, não só no mundo espiritual, como também na futura reencarnação.

## Nossa indiferença pelo progresso

Outro mal de não menos lamentável conseqüência que cometemos contra nós próprios é nossa indiferença pelo nosso progresso espiritual. Como já sabemos, somos espíritos imortais, fadados a progredir sempre, a crescer espiritualmente. E quando adormecemos na matéria, tratando apenas do corpo, esquecidos de cuidarmos do espírito, o sofrimento vem despertar-nos para a realidade.

Há duas espécies de aprendizado: o aprendizado pacífico e o aprendizado doloroso.

O aprendizado pacífico é quando aprendemos de boa vontade, procurando por todos os meios o nosso progresso espiritual. Para isso aceitamos o Evangelho e procuramos aprender através dele como viver de conformidade com as leis divinas.

O aprendizado doloroso se dá quando permanecemos indiferentes ao estudo e à aplicação das leis divinas, unicamente preocupados com a vida material e cultivando o egoísmo. Nesse caso, somente o sofrimento é o remédio indicado para nos colocar no caminho certo.

Os indiferentes ao bem e ao mal encerram-se numa concha de comodismo, destruidor de suas forças espirituais; e assim não sobem, não progridem; espiritualmente falando, adquirem como que a imobilidade da pedra. Pertencem eles à classe dos indivíduos a que Jesus se refere, quando diz: "Quem comigo não ajunta, espalha".

Realmente, a indiferença ao bem, conquanto não pratiquem o mal, faz com que espalhem, percam, as excelentes oportunidades de ascensão que a misericórdia divina colocou em seu caminho.

Por isso é útil analisarmos nossa vida atual, para verificarmos se não estamos adormecidos para as verdades espirituais, para o altruísmo, para a solidariedade e para a fraternidade para com todos os nossos semelhantes. E se estivermos adormecidos, é bom acordarmos logo antes que o sofrimento funcione como um despertador.

## O SOFRIMENTO QUANTO AO TEMPO

Quanto ao tempo, as causas do sofrimento podem ser atuais ou remotas.

São causas atuais do sofrimento aquelas que deram origem a ele na presente encarnação, por exemplo: ambição desenfreada, vícios, e excessos de toda a sorte que arruínam a saúde; a ira que nos faz cometer atos impensados, etc.

A causa do sofrimento é remota quando não conseguimos encontrá-la na presente reencarnação; ela se situa então na reencarnação ou nas reencarnações anteriores. Tal acontece com as pessoas que já nascem sofrendo, aleijadas, com doenças incuráveis, etc., e outras pessoas de bom comportamento e que, de um momento para outro, inexplicavelmente, se vêem a braços com cruéis padecimentos. É a lei do choque de retorno que lhes devolve o sofrimento que semearam no passado, como nos devolverá no futuro o mal que cometermos no presente.

## O SOFRIMENTO QUANTO ÀS PESSOAS

Quanto às pessoas, o sofrimento pode ser individual, coletivo, próprio, reflexo, moral e material.

O sofrimento é individual quando sofremos sozinhos.

O sofrimento é coletivo quando ele se abate sobre uma nação ou sobre um povo, fazendo com que a coletividade passe por uma grande prova, apesar de todos os esforços para desviá-la.

O sofrimento coletivo difere do sofrimento individual no seguinte: o nosso sofrimento, isto é, o sofrimento individual pode ser mitigado pelo menos. Porém o sofrimento coletivo não está ao alcance das pessoas evitá-lo, nem mesmo aliviá-lo.

O sofrimento coletivo preside às transformações necessárias ao progresso das nações; estimula os povos e os desperta para as verdades espirituais, para a retidão e para a solidariedade humana.

E os povos e as nações, tomados em conjunto, também estão sujeitos à lei do choque de retorno; esta lei lhes devolverá os benefícios e os malefícios que tiverem espalhados pela Terra.

O sofrimento é reflexo quando uma ou mais pessoas sofrem por verem outra sofrer. Por exemplo, todos os membros de uma família sofrem, quando um deles é atingido pelo sofrimento.

O sofrimento é moral quando o indivíduo sofre no íntimo de sua consciência. Por exemplo: o remorso, a vergonha, o sofrimento reflexo, são formas de sofrimentos morais.

E por fim o sofrimento é material quando sofremos em nosso próprio corpo os efeitos do sofrimento.

## O SOFRIMENTO QUANTO AOS EFEITOS

Dois são os efeitos do sofrimento sobre o espírito: o primeiro é agir como remédio, embora amargo, corrigindo as imperfeições e curando as doenças de nosso espírito. Para produzir esse efeito benéfico, o sofrimento deve ser suportado sem revolta, com paciência, coragem e resignação. Nesse caso, quando o sofrimento terminar, teremos saldado nossas dívidas do passado, curado nossas moléstias espirituais e corrigidos nossos erros.

O segundo efeito que o sofrimento pode produzir no espírito, é o de agir como um agravamento de males. Isso acontece quando não suportamos nosso sofrimento com resignção, nem com paciência, nem com coragem, alimentando a revolta em nosso íntimo. Assim procedendo, voltaremos a passar pelo sofrimento até que aprendamos a ser humildes, pacientes e resignados.

Vemos então que depende de nós, exclusivamente, abreviar ou prolongar o nosso sofrimento; a paciência, a resignação e a humildade, encurtam-no; a revolta, o desânimo, a impaciência, agravam-no, prolongando-o mesmo por mais de uma reencarnação.

## UM PROCESSO DE REAJUSTAMENTO

Agora que conhecemos o porquê do sofrimento, não há mais razões para exclamarmos num gesto de revolta: "Nasci para sofrer". Não. Ninguém nasce para sofrer. Sofremos, sim, para colher o mal que semeamos. Por conseguinte, quem sofre deve exclamar: "Sofro para reajustar-me".

O sofrimento, no fundo, não é nada mais nada menos do que um processo de reajuste; sofrendo, anulamos os maus efeitos da lei do choque de retorno, uma vez que a movimentamos contra nós, pelos maus atos praticados. E se estacionarmos à margem do progresso espiritual, isto é, formos indiferentes, o sofrimento nos estimulará a caminhar, como esporas a acicatar-nos para a marcha.

O sofrimento, corrigindo os erros do pretérito, prepara nossa alma para a bondade e para o sentimento da fraternidade que devemos manter para com todos. E também é a porta pela qual ingressaremos nos planos enobrecidos do Universo. Contudo, esse preparo e esse ingresso dependerão da aplicação que dermos à nossa presente reencarnação e da maneira pela qual suportarmos o sofrimento: se com resignação, o resultado será um; se com revolta, o resultado será outro. Diminuiremos ou aumentaremos o nosso sofrimento, segundo o nosso procedimento.

## A LUTA CONTRA O SOFRIMENTO

Não é proibido lutar contra o sofrimento. E olhando para o passado, vemos a luta ingente que o homem travou para deixar de sofrer. Dessa luta contra o sofrimento, origina-se o progresso. No terreno material é a multiplicação das comodidades da vida e o procurar o máximo de rendimento com um mínimo de esforços. No terreno moral é a consecução da virtude, da compreensão mútua, da fraternidade irrestrita, enfim, da extirpação da ignorância.

E quando tivermos acabado com a ignorância das coisas espirituais em que jaz a maioria da humanidade, teremos dado um passo decisivo para banirmos o sofrimento da face da terra.

## COMO NOS COMPORTAR PERANTE O SOFRIMENTO ALHEIO

Diante do sofrimento alheio, não nos arvoremos em juízes. Como espíritas, sabemos perfeitamente qual a origem do sofrimento. Entretanto, deparando-se-nos um sofredor, procuremos balsamizar-lhe as feridas, confortá-lo, tudo fazer para amenizar-lhe o sofrimento. Jamais lhe atiremos na face o dizer-lhe que ele sofre porque merece.

Aqueles que lamentam e sofrem e clamam por socorro, não têm forças para livrarem-se sozinhos dos abismos do sofrimento; é nosso dever estender-lhes mão amiga e consoladora. Ainda aqui o grande, o supremo modelo a seguir é Jesus.

Jesus sabia perfeitamente que os sofredores que o procuravam eram espíritos em resgate dos males praticados no passado; no entanto, nunca os censurou, nem os reprovou pela maldade antiga, causa de seus sofrimentos no momento. Procurava meigamente auxiliá-los, ampará-los, confortá--los, curá-los, redimi-los. E quando um sofredor queria ajoelhar-se a seus pés para agradecer-lhe a graça recebida, Jesus o advertia com estas palavras: "Vai e não peques mais para que te não suceda coisa pior."

# A RELIGIÃO

Ao encontrarmo-nos no mundo, sentimos a necessidade de amparo; o futuro se nos apresenta desconhecido e por essa razão, incerto; nem tudo corre segundo nossa vontade e, por vezes, bem contra ela, fazendo com que reconheçamos nossa pequenez; ocasiões há em que a dor lancinante nos assoberba e, na terra, não vemos poder que nos liberte dela; ante a complexidade da vida, percebemos que somos frágeis e pequeninos; daí nasce-nos a idéia religiosa.

A religião é um amparo, uma proteção, um refúgio. Ante as incertezas do futuro, ela nos demonstra que estamos amparados; reconhecendo nossa fragilidade, nela encontramos proteção; e nela nos refugiamos quando o mundo se torna impotente para consolar-nos.

E qual será a base da idéia religiosa, como o homem chegou a tê-la?

Nada mais simples: pela observação. Desde priscas eras, o homem observou que se desenrolam na face do planeta fatos sobre os quais lhe é impossível intervir; tais fatos se reportam tanto a si próprio, como ao mundo exterior que o cerca; e deduziu então que há uma Vontade Soberana presidindo a tudo; e assim o homem chegou a perceber Deus.

Nas sociedades primitivas Deus era um ser que infundia terror, manifestando-se pelos fenômenos da natureza. E para citarmos um exemplo de casa, o Tupã que nossos silvícolas supunham fazer-se sentir por meio do trovão.

Nas sociedades emergidas do estado selvagem, Deus é talhado à imagem e semelhança do homem, eivado das mesmas paixões, colérico, vingativo, parcial; dele temos exemplos próximos de nós nos inumeráveis deuses do paganismo e no Jeová dos hebreus; e em nossos dias temos a representação desse Deus, pelas seitas ditas cristãs, nesse ser que se compraz em torturar pecadores em suplícios infernais e eternos qual velho inquisidor, adorado na pompa e no luxo e na suntuosidade dos templos de pedra.

O Cristianismo puro, simples, primitivo, aquele que promana do Evangelho, já nos mostra o verdadeiro caráter de Deus: o Pai bom, o Amigo de todos os instantes, o Trabalhador infatigável que faz germinar a pequenina semente na cova escura, moverem-se as ondas do oceano e resplandecerem os sóis no firmamento. O Deus que para ser adorado prescinde de quaisquer formalidades e por altar quer apenas o coração puro e humilde de seus filhos.

Nasceu assim a Religião que é o conjunto de normas a que a humanidade deve obedecer para crescer espiritualmente, segundo a vontade soberana, paterna, criadora de Deus. Bárbaras, grosseiras e materiais em seus primórdios, essas normas que constituem a Religião, purificam-se à medida que a humanidade avança, até alcançarem a pureza, a simplicidade, a perfeição no Evangelho de Jesus.

## NECESSIDADE DA RELIGIÃO

A religião atua essencialmente sobre o sentimento; é para desenvolvê-lo que necessitamos da religião.

A ciência desenvolve no homem as qualidades de pesquisa, dando-lhe os meios de aplicar-se a desvendar os segredos da natureza.

A filosofia, ensinando-nos a pensar, desenvolve-nos o raciocício, a inteligência.

Ciência e filosofia fazem com que cresçamos intelectualmente; somente a religião cultiva-nos o coração, para que nele viceje o sentimento.

Com a ciência procuramos; com a filosofia pensamos; com a religião sentimos.

E quando aprendemos a sentir, traçamo-nos regras de conduta que nos habilitam a respeitar nossos semelhantes e sermos por eles respeitados; nosso caráter se enobrece; descobrimos as leis morais que nos regem a consciência; apura-se-nos o senso da responsabilidade, indicando-nos o Dever. Essa é a obra da Religião, sem a qual a consciência humana não teria meios de se aperfeiçoar.

A Religião é, em suma, um instrumento de aprimoramento moral, um caminho que nos conduz aos braços paternais de Deus, um elo de fraternidade a ligar-nos uns aos outros.

## A RELIGIÃO ESPÍRITA

O Espiritismo é uma religião que vem apontar à humanidade novos caminhos em sua marcha para a Perfeição. Como suas irmãs mais velhas, traz-nos também um conjunto de revelações que contribuem para desenvolver-nos o sentimento e para nosso aprimoramento moral.

A Religião Espírita inicia um movimento espiritual que visa a:

1º — Despertar no homem a certeza da imortalidade da alma.

2º — Libertar a consciência humana.

3º — Revelar a evolução permanente a que estão submetidos todos os seres.

4º — Explicar racionalmente o Evangelho de Jesus.

Despertando a certeza da imortalidade de nossa alma, a Religião Espírita nos demonstra de onde viemos ao reencarnarmo-nos, para que fim viemos à Terra e para onde iremos após nosso desencarne.

Iniciando a libertação da consciência humana, a Religião Espírita livra-nos dos dogmas, da incerteza ante o futuro depois da morte do corpo físico, descerrando-nos os horizontes vastos do porvir, cheios de vida, de beleza e de amor. Mostra-nos a Terra como uma escola abençoada, onde através do trabalho digno, do estudo sério, de uma vida honesta, do sofrimento suportado resignadamente, conquistaremos os dotes imperecíveis da Perfeição. Ensina-nos que depois da morte, isto é, do desencarne, não devemos ficar submersos na materialidade terrena, mas devemos continuar a lutar nobremente para atingirmos zonas mais aperfeiçoadas da vida.

A Religião Espírita revela-nos que todos os seres, do mais ínfimo ao mais elevado, estão sujeitos à lei da evolução. Tudo evolve em busca de formas mais perfeitas, de vidas mais sublimes.

E por fim a Religião Espírita nos explica racionalmente o Evangelho de Jesus, fazendo dele a lei moral que devemos observar em relação para com Deus, para com nossos semelhantes e para conosco mesmos.

A Religião Espírita não é nada mais nada menos do que a restauração na face da terra do Cristianismo em toda sua simplicidade e pureza primitivas. Por isso seus templos são modestos, simples, singelos; não são templos de pedra a exprimirem a força da matéria triunfante; mas são locais de reuniões que convidam os homens a se libertarem, por instantes, da materialidade da vida diária e comungarem com a Espiritualidade Superior.

A Religião Espírita não tem aparatos, nem pompas, nem suntuosidades, nem dogmas de espécie alguma. Tudo o que prega e o que ensina é facilmente compreendido por qualquer inteligência, mesmo pelas pouco cultivadas, uma vez que haja boa vontade e sadio interesse em aproveitar as lições.

A Religião Espírita é constituída de duas partes que se entrosam harmoniosamente que são: o Cristianismo que é a doutrina de Jesus explanada em seu Evangelho; e o Espiritismo que é a doutrina dos espíritos.

O Evangelho modela-nos o caráter; disciplinando-nos o sentimento.

O Espiritismo mostra-nos o caminho percorrido e o ainda a percorrer em nossa marcha evolutiva.

## POR QUE O ESPIRITISMO PREGA O EVANGELHO

O Espiritismo prega o Evangelho porque sabe que sem ele não passaria de uma doutrina estéril; poderia responder a muitas indagações e corresponder a muitos anseios da alma humana, mas sem o Evangelho, o Espiritismo, assim como todas as outras religiões, não a fecundaria para o bem e para a moralidade.

Já afirmou Jesus em seu Evangelho: "Toda a árvore que meu pai não plantou, será arrancada e jogada ao fogo". Por estas palavras ele preconiza a extinção de todas as religiões que não seguirem o roteiro luminoso do Evangelho. Assim, para que o Espiritismo se torne a árvore frondosa, a cuja sombra revigorante se abrigue a humanidade, é necessário que seus adeptos pautem seus atos, por insignificantes que sejam, pelo Evangelho. Do contrário, o Espiritismo também se tornará uma árvore seca, como tantas outras.

O Evangelho é pregado nos Centros Espíritas pelos seus oradores, que procuram torná-lo fácil de compreender pelos seus ouvintes; e é pregado no lar, onde o espírita, desejoso de progresso moral, reúne a família em torno desse livro divino, por alguns minutos ao menos uma vez por semana, e estuda-lhes as lições de luz. Temos assim o culto doméstico do Evangelho.

O culto doméstico do Evangelho é constituído do seguinte modo:

Escolhem-se um dia da semana e hora em que todos os membros da família possam estar reunidos. Nesse dia e nessa hora, todos se esforçarão por estar presentes; faltar só por motivo de força maior. Reunidos que estejam, tomam do Evangelho; pronuncia-se a prece de abertura; em seguida lê-se um trecho do Evangelho; seguem-se os comentários e cada um fará ligeira análise do trecho lido, sempre procurando extrair dele ensinamentos para aplicá-los na vida diária. Pode-se também comentar os fatos do dia, estudando-os segundo o Evangelho. Encerra-se o culto do Evangelho no lar por uma prece.

Nessas reuniões, cada um dos participantes poderá colocar sobre a mesa o seu copo de água para fluir e, no fim delas, tomar a sua água fluidificada.

É importante que essas reuniões de estudo evangélico se façam rigorosamente em dias e horas determinados e que todos trabalhem por comparecer.

Com a realização metódica do culto evangélico no lar, aos poucos se forma uma corrente espiritual de espíritos evoluídos e simpáticos à família, os quais presidirão espiritualmente a reunião, auxiliando no que lhes for possível.

O valor desses estudos familiares do Evangelho é grande. O ambiente espiritual do lar melhora sensível e consideravelmente pela expulsão ou pelo encaminhamento dos espíritos imperfeitos que demoravam no lar, empestando o ambiente com suas cargas de fluidos pesados. Estabelece-se uma proteção magnética em volta do lar, garantindo-o contra os ataques malignos do invisível. Maior fraternidade reinará entre todos os componentes da família e pensamentos puros povoarão suas mentes. E finalmente uma luz espiritual de excepcional fulgor brilhará nos lares evangelizados.

## MÉDIUNS E MEDIUNIDADE

Uma das partes mais fascinantes do Espiritismo é, sem dúvida, a mediunidade. É um campo rico de problemas, onde o estudioso encontrará farto material para observações e estudos.

Não nos alongaremos na técnica da mediunidade, a qual poderá ser facilmente estudada em livros especializados. Queremos aqui simplesmente chamar a atenção para os dois pontos seguintes:

1º – A mediunidade não depende do Espiritismo.

2º – Por que o Espiritismo usa a mediunidade.

A mediunidade é um meio de comunicação; ela serve para que duas esferas, ou se quiserem, dois mundos se comuniquem entre si: o mundo ou esfera material habitado por nós e o mundo ou esfera espiritual habitado pelos espíritos.

E um erro supor que o Espiritismo inventou a mediunidade. A mediunidade sempre existiu, uma vez que sempre existiram as duas esferas.

As pessoas que usam a mediunidade chamam-se médiuns. Também os médiuns não são exclusividade do Espiritismo; deles sempre houve e se manifestam não somente no seio do Espiritismo, como também no seio de todas as outras religiões, no de todas as camadas sociais, entre ricos e entre pobres, entre crentes e descrentes, entre letrados e iletrados.

A mediunidade é uma qualidade inerente ao espírito e não há ninguém privado dela. E assim, num sentido geral, todos nós encarnados somos médiuns.

Entretanto, o grau de mediunidade varia de pessoa para pessoa: em algumas é acentuado, em outras menos, chegando a um mínimo imperceptível em grande número. Acontece que poucos sabem usar conscientemente a mediunidade; a esses poucos é que se dá, especificamente, o nome de médiuns.

Médiuns, por conseguinte, são as pessoas que se dedicam com sinceridade e carinho ao intercâmbio entre os dois mundos, transmitindo-nos com mais facilidade as instruções e as explicações provindas dos desencarnados.

Quando as pessoas que se dedicam às Belas Artes em geral, os escritores, os sábios, os religiosos, os benfeitores da humanidade, concretizam na

Terra suas obras e seus ideais, recebem a inspiração necessária através da mediunidade de que são portadores. As grandes realizações humanas chegam à Terra, provindas dos planos superiores, pela mediunidade dos que estão aptos a entendê-las e a executá-las.

Sendo o Espiritismo uma religião que veio especialmente para demonstrar-nos a imortalidade da alma e a vida que passaremos a viver depois do fenômeno da morte, encontrou nos médiuns auxiliares preciosos para coadjuvá-lo nessa tarefa.

Como os escafandristas que mergulham nos mares e de lá trazem notícias da vida submarina e mesmo tesouros que o fundo do mar guarda, assim o médium penetra na esfera espiritual e de lá traz informações valiosas acerca de nossa vida futura e lições importantes para vivermos nobremente enquanto formos encarnados.

Médiuns e mediunidade não são privilégios do Espiritismo. O que acontece é que o Espiritismo sabe tirar todo o proveito possível da mediunidade, colocando-a a serviço da libertação da alma humana e descerrando-lhe horizontes espirituais ilimitados.

Resumindo: através da mediunidade estudamos o mundo espiritual; vemos o estado em que lá vivem os desencarnados; conhecemos os resultados das ações que os desencarnados praticaram na terra; e como "homem prevenido vale por dois", aprendemos a pautar nossa vida segundo as leis divinas consubstanciadas no Evangelho de Jesus, para evitarmos as péssimas conseqüências do desrespeito a essas leis.

Longe de ser combatida ou ironizada, a mediunidade precisa ser carinhosamente estudada, por constituir luminoso caminho de progresso para a humanidade.

## O PENSAMENTO

É impossível vivermos sem pensar. Quer queiramos, quer não, o pensamento brota do imo de nosso espírito, compelindo-nos à ação.

Tente alguém parar de pensar, por um instante apenas, não o conseguirá.

Por vezes o pensamento flui manso, suave, dócil, facilmente controlável; outras vezes, impetuoso, descontrolado, furioso.

Freqüentemente estranhos pensamentos se nos apresentam a ponto de nos espantarem por sua inoportunidade; e perguntamos, desapontados, de onde teriam provindo.

Não vamos aqui definir o pensamento, nem mesmo estudá-lo fisiológica e psiquicamente. Vamos simplesmente tomá-lo como ele é e procurar os meios de bem utilizá-lo. Faremos como o agricultor que ao defrontar-se com o regato que lhe atravessa a herdade, não se detém à análise química da água mas procura canalizá-lo para que todas as suas terras sejam beneficiadas.

## O DESEJO

No fundo de todo pensamento há um desejo; não pensamos no que não desejamos; e basta desejarmos uma coisa, qualquer que seja, para que imediatamente se gere uma série de pensamentos em torno do objeto desejado.

Desde os mais simples atos que praticamos quase que maquinalmente, até os mais complexos que exigem grande reflexão para serem executados, todos se originam de um desejo inicial; porque o desejo é o gerador do pensamento; e os pensamentos são os geradores de nossos atos.

## CONTROLE DO PENSAMENTO

Uma vez que o desejo reside invariavelmente na base de nossos pensamentos, concluímos que a melhor maneira de controlarmos nossos pensamentos é controlar nossos desejos.

Se não exercermos um controle sobre nossos desejos, acontecerá que passaremos a desejar muito, ou a desejar coisas fora de nosso alcance; daí se estabelecerá em nossa mente um emaranhado de pensamentos que nos fará sofrer, ou nos levará a praticar ações funestas, por vezes; porque se o desejo é a base de nossos pensamentos, nossos pensamentos são a base de nossos atos e de nossas manifestações.

Por conseguinte, para adquirirmos a capacidade de reger nossos pensamentos, para que eles não se tornem uma carga excessiva e dolorosa em nossa mente, precisamos, antes de mais nada, governar os nossos desejos.

## ANÁLISE DOS DESEJOS

É justo que para dominarmos os nossos desejos, devemos submetê-los a uma análise rigorosa. Assim, ao desejarmos qualquer coisa, façamos a nós próprios as seguintes perguntas e, sinceros, respondamos a elas:

1º – Prejudicarei a meu semelhante com a realização deste meu desejo?

2º – Estarei prejudicando o meu progresso espiritual com este meu desejo?

3º – Estará este meu desejo de conformidade com a lei: "Não fazer aos outros o que não desejo para mim"?

Feita, pois, a análise dos desejos, estaremos em condições de guiar nossos pensamentos, uma vez que tenhamos a coragem de abandonar os desejos insensatos.

Lembremo-nos, contudo, de vivermos uma vida simples. Uma vida simples tem necessidades simples. Necessidades simples promovem desejos simples. Desejos simples fazem nascer pensamentos simples. E pensamentos simples geram atos simples e dignos.

Sobretudo que nossos desejos sejam irrepreensíveis. Se cultivarmos desejos irrepreensíveis, nossos pensamentos serão irrepreensíveis e, como conseqüência, viveremos irrepreensivelmente.

## CLASSIFICAÇÃO DOS PENSAMENTOS

Podemos classificar os pensamentos da generalidade dos encarnados em três grupos:

1º – Pensamentos glorificados.

2º – Pensamentos raciocinados.

3º – Pensamentos inferiores.

Pensamentos glorificados são todos aqueles que se formam em nossa mente, mediante desejos nobres tais como: amor puro, paz, alegria, otimismo, fraternos, de perdão, de compreensão, de tolerância, de sacrifícios, de renúncia, de altruísmo e todos os demais pensamentos que estiverem de acordo com as leis divinas, consubstanciadas no Evangelho de Jesus.

Os pensamentos glorificados se originam do sentimento de fraternidade irrestrita, causa primária de todos os que acabamos de enumerar.

Os pensamentos glorificados geram as ações e os trabalhos nobres que beneficiam a família, a pátria e a humanidade; e constituem uma fortaleza moral que nos guarda contra as investidas do mal.

Pensamentos raciocinados são aqueles que emitimos pelo desejo de bem cumprirmos nossas obrigações diárias. Podemos tomar como pensamentos raciocinados todos aqueles que nos compelem a tratar da parte material de nossa existência na terra, a saber: pensamento de trabalho, de conforto, de progresso material, de ganhos e os demais que se relacionem com a parte material de nossa vida, sempre que baseados na honestidade.

Pensamentos inferiores são aqueles que nascem em nossa mente, oriundos das paixões e vícios que alimentamos; eis alguns deles: pensamentos de ódio, de inveja, de ironia, de raiva, de ira, de escárnio, de ambição; pensamentos lúbricos, cobiçosos, orgulhosos, maldosos, criminosos, antifraternos, intolerantes e tantos outros a demonstrar a inferioridade de nossos sentimentos.

# REMÉDIO PARA MELHORAR OS PENSAMENTOS

Normalmente nossos pensamentos deveriam ser elevados, isto é, glorificados ou raciocinados; pensamentos inferiores nunca deveriam abrigar-se em nosso cérebro.

Contudo, não somente em nosso cérebro formam-se pensamentos; recebemos também pensamentos emitidos de outros cérebros: são as chamadas vibrações mentais. Nossa mente está aberta a todas as vibrações mentais, que cruzam incessantemente o espaço, provindas de todas as direções e dos mais variados núcleos vibratórios.

Ora, somente as pessoas muito espiritualizadas conseguem manter-se em alto padrão vibratório; na grande maioria há queda de vibrações. E sempre que houver queda de vibrações, passamos a receber as baixas vibrações emanadas de núcleos inferiores; daí o formarem-se, por vezes, em nosso cérebro, desejos e pensamentos mesquinhos, que não condizem com nossa educação.

É fora de dúvidas que se as más vibrações nos atingem é porque encontram receptividade de nossa parte; dessa razão decorre a necessidade imperiosa de melhorarmo-nos intimamente, para que passemos a receber unicamente as boas vibrações. No entanto, se acontecer captarmos as vibrações de ordem inferior, é nosso dever resistir, jamais cedendo a elas.

E por que não podemos manter-nos sempre em nível de vibrações elevadas? Por que há queda de vibrações?

As dificuldades, os fatos inesperados que nos sucedem, os negócios, enfim, as variadas circunstâncias da vida, são fatores que contribuem para que haja queda de nossas vibrações mentais.

As dificuldades atrapalham o pensamento, constituindo pesada carga para aqueles que desejam seguir o caminho espiritual. É, pois, de sumo interesse que procuremos viver uma vida sem dificuldades, embora simples e modesta, o que facilitará o desenvolvimento de nossa parte espiritual. Com dificuldades no lar ou na vida, ser-nos-á difícil a consagração às coisas espirituais.

É ponto importante para nós pormos em ordem a parte material de nossa existência, para que nossa mente possa dedicar-se livremente ao progresso espiritual. Estando garantidas as coisas materiais, ainda que modestamente, por um viver bem organizado, não haverá grandes interferência delas em nossos pensamentos, dado a paz íntima que um viver bem organizado proporciona.

É bom notar que não estamos aqui a dizer que se tornem ricos os que quiserem aplicar-se às coisas espirituais; não é isso; o que aconselhamos é que organizem suas vidas, mesmo em bases pobres e modestas, de modo a terem tranqüilidade para o cultivo das coisas espirituais.

Organizada que esteja a parte material do nosso viver, para que ela interfira o menos possível em nossas vibrações mentais, vejamos quais os remédios a tomar para que fiquemos curados de pensamentos inferiores.

O primeiro deles é cultivarmos o amor a Deus e o devotamento ao nosso próximo, do que decorrem todos os outros, a saber: sejamos bondosos para com todos; trabalhemos incansavelmente no bem; sejamos otimistas ativos; cumpramos irrepreensivelmente nossos deveres; sejamos sinceros para com todos; tenhamos boa vontade; esqueçamos integral e imediatamente as ofensas que recebermos; semeemos a fraternidade.

Evitemos por todos os modos a ociosidade; essa é a grande produtora de pensamentos inferiores a traduzirem-se por atos detestáveis.

Não nos esqueçamos do estudo e do trabalho, os quais enobrecem nossos pensamentos.

O desempenho de nossas obrigações diárias com alegria e entusiasmo imuniza-nos contra as vibrações inferiores.

Preenchamos nossas horas de lazer com divertimentos honestos e com boas leituras. Um bom livro, a boa música, a conversação sadia, o cultivo das artes quando possível, tudo são meios de glorificar os pensamentos, garantindo-nos uma existência enobrecida.

E enquanto nosso cérebro e nosso corpo estiverem ocupados nobremente, não seremos assaltados por pensamentos sombrios, viciosos e maldosos.

## PENSAMENTO E CONSCIÊNCIA

Nossos pensamentos determinam o estado de nossa consciência: pensamentos inferiores conspurcam nossa consciência e geram, ao se apresentar a oportunidade, ações vis, das quais nascerão, cedo ou tarde, o remorso, a mortificação, o arrependimento. Ficamos então com a consciência perturbada e a paz e a serenidade íntimas desaparecerão; sentimo-nos réus diante de nossa própria consciência.

Para retificar a consciência perturbada só há um caminho: corrigir as más ações praticadas. E para isso, o primeiro cuidado é modificar a qualidade dos pensamentos. Todos os pensamentos inferiores deverão ser substituídos por pensamentos raciocinados e glorificados. Uma vez corrigidos os pensamentos, sentimo-nos fortificados e preparados para corrigir as ações mal feitas; nossa consciência se apazigua, e a paz e a tranqüilidade voltarão a reinar em nosso íntimo.

Uma consciência nobre depende de pensamentos retos, os quais impelem à execução de ações dignas. Quem possui uma consciência enobrecida, vive em permanente conforto moral. Esta consciência é conseguida através de pensamentos e atos raciocinados e glorificados.

## A CONSCIÊNCIA

Sem entrarmos em digressões filosóficas ou morais, definimos a consciência como sendo esse sentimento íntimo que nos compele à ação.

A toda ação segue-se uma reação; desse modo, todas as nossas ações reagem sobre nossa consciência, determinando-lhe o estado moral e, conseqüentemente, o nosso estado mental.

Há duas espécies de consciência: a consciência educada moralmente e a consciência adormecida moralmente.

A consciência educada moralmente pertence à pessoa que ao praticar uma ação, compreende pela reação que ela lhe produz intimamente, se a ação foi boa ou má; rejubila-se se foi boa; sente-se deprimida se foi má. É o que chamamos a voz da consciência, que aprova ou desaprova os nossos atos.

Assim, as consciências educadas já estão fortificadas no reto caminho do bem; quando erram, percebem o erro e trabalham por corrigi-lo sem demora.

Um bonito exemplo de uma consciência educada, temo-lo no Evangelho, na passagem em que Pedro nega a Jesus: "Logo que errou, Pedro percebeu o erro. Sua consciência educada nos princípios evangélicos, imediatamente o adverte. E Pedro se arrepende e chora, mas levanta-se decidido a corrigir o erro, lutando pela causa de Jesus". (Ver *O Evangelho dos Humildes*, do mesmo autor.)

Uma consciência adormecida é aquela que ainda não se libertou dos instintos primários do mal.

Há duas espécies de consciências adormecidas:

1º – As que lesam seus semelhantes, alheias ao mal que estão praticando.

2º – As que sabem que estão agindo mal, porém, indiferentes, persistem.

Tais consciências não escaparão, contudo, à lei do choque de retorno; porque é da lei que recebamos sempre de conformidade com o que dermos; que colhamos de acordo com o que plantarmos. E ao impacto da lei do choque de retorno, as primeiras entrarão no caminho da educação moral e as segundas sairão da indiferença.

O nosso auxílio às consciências adormecidas e a nossa boa vontade para com elas, não lhes deve nunca faltar; são doentes que precisam ser curados. Há aqueles que aspiram reabilitar-se mas, fracos, não se animam. Há outros que querem reabilitar-se mas não encontram ambientes favoráveis.

Tanto num como noutro caso, a questão se resume em procurarmos criar ambientes e circunstâncias propícias à regeneração e à reabilitação dessas consciências. Isso constitui uma obra social de grande envergadura que muito honrará os desejosos de se contarem no número dos discípulos de Jesus.

## A PRISÃO MENTAL

É preciso que resguardemos nossa mente das idéias fixas, opressivas, aviltantes; o máximo de cuidado se nos impõe contra elas; constituem verdadeiros cárceres mentais e conquanto o indivíduo tenha seu corpo físico em liberdade, seu espírito jaz prisioneiro dessas idéias. Levadas ao extremo, transformam-se em pensamentos desvairados e torturados que desequilibram a mente, produzindo, por vezes, a loucura.

Idéias fixas formam-se de um amontoado de pensamentos inferiores e desordenados, tendentes a um único fim. Tudo quanto o indivíduo faz, pensa, ouve ou vê outros fazerem, encaminha para a idéia fixa que o obsessiona. Das idéias fixas originam-se os crimes e as desmedidas ambições que, freqüentemente, levam a pessoa à ruína.

Idéias opressivas são constituídas por pensamentos pessimistas, angustiosos, de desânimo, de desalento, enfim, de medo ante a vida. Se não forem atalhadas a tempo, as idéias opressivas desorganizam os centros nervosos, gerando conseqüências imprevisíveis.

Idéias aviltantes são compostas de pensamentos inferiores que conduzem o indivíduo à prática de vícios.

É imprescindível lutarmos contra as idéias fixas, as opressivas e as aviltantes que nos encarceram a mente. Para isso devemos praticar a higiene mental que consiste em livrarmos nosso cérebro de todos os pensamentos impuros e malignos que nele se quiserem acolher ou formar.

## AS FAIXAS MENTAIS

O pensamento é uma vibração mental. Essas vibrações mentais são irradiadas de nossa mente; se pudéssemos vê-las, vê-las-íamos em forma de estranhos filamentos que se entrelaçam, sem se confundirem uns com os outros; são possuídos de um movimento vibratório natural, sem uniformidade em suas particularidades; e suas cores variam do escuro ao claro mais brilhante. (Ver *Cartas de uma Morta*, F. C. Xavier, 2ª edição, págs. 98 e 99.)

Assim, pois, o pensamento é luz. E como a luz toma a cor do vidro que a filtra, também nossos pensamentos tomam a cor dos nossos desejos e das ações que os determinam.

A gama das cores do pensamento é grande, indo desde a luz mais intensa até o preto, negação da luz. Entretanto, para facilitar nosso estudo, analisaremos as principais, das quais se derivam combinações e matizes.

1º – *LUZ:* Para termos uma idéia, embora pálida, do que seja a luz emitida pelos espíritos santificados, temos de recorrer ao exemplo do Evangelho, na "A Transfiguração": "E seis dias depois toma Jesus consigo a Pedro e a Tiago e a João, seu irmão, e os leva à parte, a um alto monte. E transfigurou-se diante deles. E seu rosto ficou refulgente como o sol, e as suas vestiduras se fizeram brancas como a neve" (Mateus, 17:1 e 2).

É este um fenômeno de luz, provocado por pensamentos glorificados. Nesta faixa de luz só podem vibrar continuamente espíritos perfeitos como Jesus.

2º – *PRATEADA:* A luz prateada, resplandecente, é a cor dos pensamentos sábios, de renúncia em favor da humanidade; é emitida pelos espíritos encarnados e desencarnados que trabalham desinteressadamente para beneficiá-la. É a luz da sabedoria, isto é, do alto saber aliado ao profundo sentimento.

3º – *BRANCO:* É a cor da pureza. Pensamentos puros originam a luz branca das vibrações mentais.

4º – *AZUL:* A faixa azul é a faixa cultural da humanidade, quando a cultura é aplicada na elevação moral dos povos. Nesta faixa vibram os espíritos encarnados e os desencarnados que se dedicam à Arte, em suas expressões mais puras: a Pintura, a Escultura, a Arquitetura, a Gravura ou Desenho, a Música, o Canto, a Dança, a Poesia, a Eloqüência, a Prosa.

5º – *ROSA:* É a cor do Amor e da Virtude. É a luz que tomam as vibrações mentais do amor, mas do amor sem laivos de paixões; e a virtude modesta e humilde.

6º – *LILÁS:* Quando, com sinceridade, elevamo-nos em adoração à Divindade e dedicamo-nos à Religião e cultuamos o Pai celeste, nossos pensamentos apresentam a cor lilás; porque o lilás é a cor que identifica as vibrações mentais de adoração, religião e culto.

7º – *CINZA-CLARO:* Caridade. Os pensamentos de caridade tomam a cor cinza-claro. Isto porque muito raramente praticamos a caridade espontaneamente; praticamo-la, freqüentemente, impelidos pelas circunstâncias. Todavia, quando um nosso gesto de caridade é um movimento partido do fundo de nosso coração, baseado no mais puro desinteresse e amor, então nossas vibrações mentais são de luz fulgurante. Entretanto, mesmo em seu cinza-claro nossos atos e pensamentos caridosos carreiam muito mérito para nós.

8º – *CINZA-ESCURO:* É a cor das vibrações concernentes ao devotamento e ao ideal. É cinza-escuro porque quando nós nos devotamos a uma causa ou alimentamos um ideal, geralmente os misturamos com nossos interesses. Daí o não serem esplendorosas nossas vibrações mentais de devotamento e de ideal; porém, não deixam de trazer grande merecimento para nós.

9º – *VERDE-CLARO:* A cor que indica a transição entre a materialidade e a espiritualidade de nossos pensamentos, é a verde-claro. Vibram na faixa verde-claro, irradiando comumente luz dessa cor, os seguintes:

a) as pessoas que sofrem, ao sincera e resignadamente elevarem suas orações ao Altíssimo;

b) todas as pessoas que se dedicam às ciências e às artes, quando nobremente inspiradas, porque é a cor da inspiração superior;

c) os que sabem renunciar em benefício de seus semelhantes.

10º – *MARROM:* As vibrações mentais de cor marrom originam-se da parte material de nossa existência; são os pensamentos materiais comuns da humanidade.

Uma vez que a cor marrom define a parte material de nossa vida, parte necessária para vivermos normalmente na Terra, é conveniente que repartamos as vinte e quatro horas de nosso dia, de modo tal que possamos vibrar também em outras faixas luminosas superiores. Assim, oito horas dedicadas honestamente às coisas materiais, são suficientes para mantermos o equilíbrio material de nossa vida. Das dezesseis horas restantes, tiremos alguns momentos para habilitarmo-nos aos poucos a vibrar em outras faixas, trilhando o caminho da elevação.

Por conseguinte, quando nós nos dedicamos ao estudo e à prática do Evangelho, sintonizamo-nos com a faixa de luz. Entregando-nos ao desenvolvimento de nossa inteligência e de nosso coração, ligamo-nos à faixa prateada. Ao cultivarmos rigorosa higiene mental, irradiaremos pensamentos brancos, isto é, de pureza. O cultivo da Arte em suas expressões elevadas, nos faz ter irradiações azulinas. Se abrigarmos em nossos corações sentimentos de puro amor com nossos semelhantes e nossos atos forem modelados pela virtude, vibrações rosadas partirão de nossas mentes. Como sabemos, a virtude é o conjunto das boas qualidades morais. Quando nós nos elevamos em preces ao Criador, quando sinceramente nos dedicamos à religião, quando cultuamos a Divindade, nossos pensamentos adquirem a cor lilás. Ao irmos caridosamente levar o conforto de uma visita a um pobrezinho, ou perfazermos qualquer ato de caridade, são vibrações de um cinza-claro que partem de nosso cérebro. E quando o ideal ou o devotamento por uma causa justa nos empolgam o ser, vibramos na faixa cinza-escura.

Jamais nos situemos somente na faixa marrom, denunciadora da materialidade em que vivemos; porém cumpridos os nossos deveres materiais, esforcemo-nos por respirar espiritualmente em faixas mais altas.

11º – *PRETO:* O preto é a negação da luz. Quando o ódio, o rancor, o ciúme, a inveja, a cólera, o vício, o crime, a desonestidade, etc., nos dominam, apagam-se as luzes de nossos pensamentos e vibrações negras envolvem nossa mente. É perigosíssimo vibrar nessa faixa, porque ela guarda as sementes de sofrimentos futuros.

As cores descritas não são todas as que podemos irradiar; a sua gama é quase que infinita, porque se combinam entre si, caracterizando e individualizando cada um de nossos pensamentos.

Conquanto irradiemos as mais diversas cores, de conformidade com os pensamentos que emitirmos na ocasião, o nosso perispírito toma comumente a cor de nossos pensamentos e preocupações predominantes. Se um espírito, encarnado ou desencarnado, dedicar-se intensivamente ao cultivo da verdade, seu perispírito apresentará a tonalidade cor-de-rosa; se preocupar-se com a cultura superior, a cor de seu perispírito será azulada e assim por diante.

Quanto aos que se dedicam unicamente às coisas materiais, o perispírito deles é a cor marrom, de um marrom tanto mais desagradável, quanto mais chafurdarem na matéria. E finalmente nossos infelizes irmãos atacados da doença dos crimes, dos vícios e dos maus pensamentos, apresentam perispíritos negros, opacos e privados de luminosidade.

Inferimos daí que é fácil aos médiuns classificarem os espíritos que se aproximam deles, pelo gênero de luz que irradiarem. Se as irradiações são luminosas, embora não consigam distinguir-lhes a cor, são espíritos que pairam acima das paixões terrenas; se forem marrons, são espíritos agarrados às coisas da terra; e se forem opacas, são espíritos ignorantes.

Falamos, linhas acima, de faixas mentais. Estas faixas se constituem pela reunião de todos os pensamentos afins; são inúmeras, quase que infinitas, a cruzar o espaço sem se confundir. Porém para facilidade de compreensão, agrupa-las-emos todas em quatro grupos apenas: a faixa esplendorosa, ou de pensamentos glorificados; a faixa luminosa, ou de pensamentos raciocinados; a faixa escura, formada por pensamentos exclusivamente materiais; e a faixa de trevas, composta de pensamentos fixos, opressivos, aviltantes e criminosos. Essas faixas se subdividem em inúmeras outras, de acordo com as vibrações mentais da humanidade encarnada e da desencarnada.

Cada um de nós ocupa uma dessas faixas; pela análise de nossos pensamentos mais íntimos, perceberemos facilmente em que faixa mental estamos situados, bem como a cor que assinala nosso perispírito.

## AFINIDADE MENTAL

A lei da afinidade determina que os iguais se atraiam e se procurem; e que os contrários se repilam e se evitem. Por conseguinte, podemos formular a seguinte lei de afinidade mental: Os pensamentos iguais se atraem; os pensamentos contrários se repelem.

Quando emitimos pensamentos glorificados, sintonizamo-nos com a faixa esplendorosa.

Quando emitimos pensamentos raciocinados, sintonizamo-nos com a faixa luminosa.

Quando emitimos pensamentos materiais, sintonizamo-nos com a faixa escura.

Quando emitimos pensamentos fixos, opressivos, aviltantes, criminosos, sintonizamo-nos com a faixa de trevas.

Agora então sabemos que se emitirmos um pensamento glorificado, atrairemos para nós um pensamento glorificado correspondente, o qual fortificará o nosso próprio pensamento e influirá decisivamente na execução de nossos atos. O mesmo acontecerá quanto aos pensamentos raciocinados, inferiores ou aviltantes que emitirmos: receberemos em troca pensamentos similares, que virão em reforço do estado mental em que nós nos encontramos, com repercussão direta em nossas ações.

E isto por quê?

Porque nossas vibrações mentais se dirigem para a faixa mental que lhe é afim, onde transitam pensamentos iguais aos nossos e emitidos por encarnados e desencarnados. Ficamos como que ligados a essa faixa; e dela carreamos para nosso íntimo os pensamentos que a compõem.

# PENSAMENTO E SAÚDE

Ora, as faixas luminosas são habitadas por espíritos desencarnados saudáveis; e as faixas escuras, por espíritos doentios. Pois bem, quando nós nos sintonizamos com as regiões da luz através de nossos pensamentos enobrecidos, de lá partem fluidos puros e luminosos que envolvem e penetram nosso corpo, contribuindo para que tenhamos uma boa saúde. E quando, pelos pensamentos envilecidos, ligamo-nos às regiões sombrias, recebemos cargas de fluidos maléficos que acabam por arruinar nossa saúde. Tudo se passa como se uma onda luminosa nos banhasse, no primeiro caso; e um balde de matéria negra e viscosa fosse atirado sobre nós, no segundo.

Daí deduzimos então que pensamentos corretos são iguais à felicidade; e pensamentos deformados são iguais a infortúnios. Eis que é sempre vantajoso emitirmos pensamentos corretos, não só quanto à nossa parte moral, mas também quanto à física.

## POSIÇÃO DO ESPÍRITO DEPOIS DE DESENCARNADO

Os pensamentos que habitualmente mantemos enquanto encarnados, determinarão nossa posição no mundo espiritual, depois que desencarnarmos.

As faixas mentais são também regiões do mundo espiritual. Assim, as faixas de pensamentos glorificados e raciocinados formam as zonas luminosas, onde gravitam as esferas espirituais felizes. As faixas de pensamentos inferiores constituem regiões sombrias e trevosas, nas quais falta a luz e sobra o sofrimento.

Se durante nosso tempo de encarnados, estivermos constantemente sintonizados com as faixas luminosas, ao desencarnarmos ascenderemos às esferas de luz e de felicidade.

Ao contrário, se durante nossa permanência no corpo físico, ligarmo--nos às esferas escuras, ao desencarnarmos seremos envolvidos por trevas e sofrimentos.

E os atos? poderá o leitor perguntar-nos.

Não falamos aqui de atos, senão de pensamentos, porque o pensamento esteve presente na base de todos os nossos atos. E se o indivíduo esteve em permanente sintonização mental com as faixas luminosas, forçosamente seus atos foram ou raciocinados ou glorificados. E se manteve assíduo contato mental com as faixas escuras, logicamente seus atos não o recomendarão muito. Porque é impossível pensar-se no bem e praticar o mal e vice-versa. Nossa vida na Terra molda-se de conformidade com nossos pensamentos, os quais, por sua vez, plasmam-se segundo nossos desejos, consubstanciando-se, por fim, em atos.

O espírito desencarnado precisa controlar muito bem os seus pensamentos; porque no mundo espiritual não havendo a barreira da matéria como aqui na Terra, é o pensamento que impulsiona o espírito. Assim sendo, é muito importante que nós nos habituemos desde já a mantermos um bom controle de pensamentos, para que não sejamos uns torturados mentais ao deixarmos o corpo físico. E não só por isso, como também para prepararmos nosso futuro; porque se levarmos conosco uma bagagem dessa natureza, isto · é, de pensamentos descontrolados, dificilmente a modificaremos para melhor; e quando reencarnarmo-nos, voltaremos com as mesmas tendências péssimas e dificuldades agravadas, uma vez que nada do passado foi corrigido, trilhando nossa vida mental os mesmos desvios antigos.

Resumindo, diremos que durante nossa permanência na terra, estamos simplesmente sintonizados com as faixas mentais. Porém quando desencarnarmos, passaremos a viver na zona correspondente à faixa mental com a qual estávamos sintonizados. E se nós nos dirigirmos para as zonas escuras ou de trevas, teremos de sofrer longo, doloroso e laborioso período de reajustamento mental, antes que possamos divisar a luz.

## NOSSO PENSAMENTO E O DOS OUTROS

Não são somente os nossos próprios pensamentos que nos elevarão às regiões luminosas, ou que nos arrojarão nas trevas. Os pensamentos que os outros nutrem para conosco, influem decisivamente sobre nós. Se outras pessoas sintonizarem-se com as faixas luminosas, emitindo pensamentos corretos a nosso favor, fluidos saudáveis descerão sobre a pessoa emissora de pensamentos bondosos e também sobre nós que contribuímos para a emissão desses pensamentos.

Porém se alguém sintonizar-se com as regiões trevosas, alimentando pensamentos deformados ou malévolas contra nós, fluidos negros envolverão essa pessoa e virão também tocar-nos por termos dado causa à emissão de pensamentos inferiores.

É importante notar que nossos pensamentos geram nossos atos e que nossos atos geram pensamentos nos outros.

Quando praticamos uma ação generosa, formam-se pensamentos favoráveis a nós na mente de nossos beneficiados. Esses pensamentos favoráveis nos banham como ondas de luz, libertam-nos das zonas inferiores e nos ajudam a sintonizar com as faixas elevadas, promovendo assim nosso equilíbrio mental.

O mal gera sempre pensamentos desarmoniosos ou desfavoráveis na mente dos que lhe sentiram os efeitos. Esses pensamentos desfavoráveis envolvem os que praticam o mal, acorrentando-os às zonas de trevas e pondo-os em constante sintonia com as faixas inferiores. Transformam-se então num cárcere do qual para se libertarem depois de desencarnados, terão de despender esforços penosos, os espíritos que se seduziram pelo mal.

É pois de toda conveniência que nós nos esforcemos para fazer brotar na mente de todos com os quais convivemos, ou tratamos, pensamentos sempre favoráveis a nós. Isto só o conseguiremos praticando atos que gerem simpatia, reconhecimento, boa vontade, benevolência, enfim, bons sentimentos para conosco.

Estejamos sobretudo preparados para emitir bons pensamentos, quaisquer que sejam as circunstâncias e quaisquer que sejam as boas ações que outros cometerem contra nós; perdoemos sempre, porque o perdão é uma vibração luminosíssima que se dirige para os cimos celestes e desfaz montanhas de trevas e de incompreensão. E essa luminosidade nos protegerá sempre contra as investidas de vibrações menos dignas.

## FAIXAS MENTAIS E MEDIUNIDADE

Vejamos um outro papel que desempenham as faixas mentais.

Cada médium, cada assistente, cada componente enfim de uma sessão espírita vibra dentro de sua faixa mental; e isso acontece não só com os encarnados, como também com os espíritos desencarnados presentes. Mas para que os trabalhos sejam bem sucedidos, é preciso que todos vibrem na mesma faixa mental; disso decorre a necessidade absoluta da concentração.

Concentrar-se significa na linguagem espírita, estar com o pensamento inteiramente voltado para o Alto, banindo do cérebro qualquer preocupação terrena. Assim ao concentrarem-se, uns consagram sua mente a Deus, alguns a Jesus e outros aos ensinamentos evangélicos. Estabelece-se então uma homogeneidade de pensamentos, formando a corrente magnética, sustentadora da faixa mental única.

Entretanto, quando não se consegue uma faixa mental homogênea, por causa da variedade das vibrações mentais dos componentes da reunião, o trabalho a ser executado pelos espíritos desencarnados encarregados dele, torna-se assaz difícil, por lhe faltar um ponto de apoio equilibrado. É por esse motivo que se recomenda aos médiuns serem assíduos; havendo assiduidade por parte de todos aos trabalhos espirituais, equilibra-se a faixa mental, gerando-se uma corrente magnética segura, que facilita muito o intercâmbio entre os dois planos.

Um espírito ao comunicar-se passa a vibrar na mesma faixa do médium de que se serve. Ora, é comum um assistente formular uma pergunta ou um pedido mental ao espírito manifestante e não obter resposta. Surgem daí dúvidas quanto à veracidade das comunicações. "Por que, diz o assistente, o espírito não apanhou o pensamento que lhe dirigi, já que os espíritos podem ler os nossos pensamentos?" E muitas vezes o pobre do médium é brindado com uma série de adjetivos menos dignos.

A explicação para tal fato é simples: Se o espírito comunicante não captou o pensamento que lhe foi dirigido, é porque a pessoa que lhe endereçou a pergunta ou o pedido mental, não estava vibrando na mesma faixa em que o médium se colocara e na qual também se tinha colocado o espírito que se comunicava.

Eis porque é imprescindível que haja boa concentração durante os trabalhos. Favorecidos por uma faixa mental perfeita, os espíritos luminosos movimentam valiosos recursos em benefício da humanidade encarnada e da desencarnada que ainda gravita nos planos da terra.

## EXERCÍCIOS MENTAIS

É conhecida a passagem evangélica em que Jesus nos diz: "Onde está teu tesouro, aí estará também o teu coração". Com isto ele nos quer dizer que nossos pensamentos voltam-se sempre para onde temos nossos interesses, ou gravitam em torno dos sentimentos ou paixões que abrigamos em nosso íntimo.

Não é fácil para quem se habituou a emitir pensamentos inferiores continuamente, mudar sua tonalidade mental; isso, logicamente, requer esforço, boa vontade, exercícios.

Para que possamos mudar a tonalidade de nossos pensamentos, passando da inferior para a superior, recomendamos a prática dos seguintes exercícios: análise de pensamentos, substituição de pensamentos, vigilância sobre os pensamentos e procurar o lado bom de todas as coisas.

### Análise de pensamentos

A análise de pensamentos é o exercício que nos levará a pôr de lado uma série enorme de pensamentos inúteis. A análise dos pensamentos está intimamente ligada à análise dos desejos, já descrita em páginas atrás. Para fazê-la, anotaremos num papel todos os pensamentos que nos ocorrerem durante o dia; à noite, antes de adormecermos, analisaremos nossos apontamentos, um por um. Depois de algum tempo saberemos qual a nossa tonalidade mental; se superior e luminosa, se inferior e sombria.

## Substituição de pensamentos

Sabida nossa tendência mental, passaremos ao exercício de substituir os pensamentos inferiores, por seus equivalentes na faixa superior: aos pensamentos de ódio, contraporemos os pensamentos de amor; os de antipatia serão substituídos pelos de simpatia; os sensuais, pelos puros; os de cobiça, de ambição, serão trocados pelos pensamentos de moderação, e assim por diante. A cada pensamento inferior que registrarmos no papel, corresponderemos com outro escrito adiante e de natureza elevada. Com o hábito desse exercício, tão logo nos sobrevenha um pensamento inferior, mudá-lo-emos por um superior, até que essa sintonia mental se processe habitual e automaticamente com as faixas elevadas.

Duas virtudes que auxiliam extraordinariamente a mudança para melhor da tonalidade de nossos pensamentos, são a tolerância e a humildade. Quando bem exercidas essas duas virtudes, não só tornam luminescentes as nossas vibrações mentais, como também reduzem ao mínimo, chegando mesmo em alguns casos, a neutralizar os choques de retorno a que estivermos sujeitos.

## Vigilância

Um bom exercício mental é exercermos extrema vigilância sobre nossos pensamentos. Um pensamento puxa outro e se não vigiarmos, descambaremos para a ladeira dos pensamentos inferiores.

Não devemos deixar que pensamentos de má qualidade se assenhoreiem de nossa mente; tão logo lá se apresente um, deverá ser repelido sem demora.

Usando de uma comparação: ao percebermos que nossa estação mental está sintonizada com faixas inferiores, viremos a chave em procura de faixas melhores.

## Procurar o lado bom das coisas

Se trabalharmos sempre por distinguir o lado bom de todas as coisas, das pessoas e dos acontecimentos, nossa atividade mental melhorará muito.

Há indivíduos incapazes de um gesto de otimismo para com tudo; infelizes, vivem emaranhados em pensamentos pessimistas.

Tudo neste mundo tem o seu lado bom e basta uma análise sincera para que o percebamos. E uma vez descoberta a parte boa, por pequena que seja, é fixarmos nela nossos pensamentos que daí por diante se desenrolarão luminosos.

Um dos grandes geradores de pensamentos é o livro. A boa leitura exerce extraordinário poder sobre nosso mundo mental; mas é preciso escolher o bom livro.

Outro auxiliar precioso para melhorar o teor de nossos pensamentos é a oração. Sempre que pensamentos inferiores ameaçarem arrastar-nos e sentirmo-nos impotentes para contê-los, recorramos à oração.

E assim com nossa mente ligada aos planos nobres do Universo, nossa vida transcorrerá tranqüila, luminosa, feliz.

## O ESPIRITISMO E A ALIMENTAÇÃO

### A alimentação

Se estudarmos o quadro da alimentação atual da humanidade, veremos que ela é de três tipos:

1º – a omnívora, em que o indivíduo come de tudo;

2º – a mista, em que se come de tudo, excluindo tão-somente carne;

3º – a vegetariana, em que são usados alimentos de origem vegetal apenas.

A alimentação omnívora é a que conta com a maioria absoluta de adeptos, seguindo-se em pequena porcentagem a mista; e ainda em muito menor escala, a vegetariana.

Não vamos aqui estudar ou discutir as vantagens ou desvantagens de um determinado tipo de alimentação,o que foge à nossa competência.

Nosso escopo é puramente examinar se, diante dos conhecimentos espirituais que já possuímos, podemos ou não sacrificar os animais para comer-lhes a carne.

## OS ANIMAIS

Os animais não são simples máquinas; neles distinguimos os mesmos três elementos que compõem o homem, a saber:

1º – o espírito;

2º – o perispírito;

3º – o corpo de carne.

O espírito dos animais é imortal e sujeito às leis da evolução, como o do homem.

O espírito dos animais evolve do instinto para a inteligência, isto é, para a racionalidade. Nos animais superiores já notamos uma inteligência embrionária; nos animais inferiores existe somente o instinto.

O perispírito dos animais é denso, escuro, nada apresentando de espiritual. À medida que o espírito do animal evolve, seu perispírito vai sendo manipulado por espíritos elevados, encarregados desse setor da evolução planetária, adaptando-se assim às formas mais perfeitas da vida.

E por fim o animal tem um corpo de carne, constituído pelos mesmos elementos materiais do corpo humano, diferindo simplesmente na forma.

Podemos, pois, sem exageros e sem receio de errar, chamar os animais de nossos irmãos inferiores, assim como somos irmãos inferiores dos espíritos que já alcançaram a angelitude. Porque o caminho que o espírito percorre na marcha evolutiva é esse: do infusório ao animal, do animal ao homem e do homem ao anjo.

## A REENCARNAÇÃO DOS ANIMAIS

Tanto quanto podemos observá-los, os animais se encontram nos primeiros degraus de sua evolução espiritual; cumpre-lhes subir a escada infinita do progresso; e eles a sobem por meio da reencarnação, que lhes transformará o instinto em inteligência; e quando a inteligência começa a despontar em seus rudes espíritos, renascerão em corpos de forma humana.

A passagem do espírito de animal para o humano não se dá aqui na Terra; existem para isso mundos primitivos, em início de evolução, para onde são transferidos os espíritos que já se aperfeiçoaram no reino animal; terão aí suas primeiras experiências em organismos grosseiros ainda, mas já de forma humana. A terra, que já foi um mundo primitivo, guarda o vestígio de raças sub-humanas que a habitaram em seus primórdios.

É bom notar que os espíritos dos animais não podem reencarnar-se em corpos humanos, sem antes sofrerem as transformações necessárias, que a evolução lhes impõe; e a terra já não oferece mais condições apropriadas para a transição de espíritos de corpos de animais para corpos humanos; do mesmo modo, um espírito humano jamais voltará a reencarnar-se em corpos de animais; uma vez atingido o grau de humano, o espírito nunca mais regredirá.

## O ESPÍRITO DOS ANIMAIS NO MUNDO ESPIRITUAL

Há no mundo espiritual lugares próprios para os espíritos desencarnados dos animais. Tão logo um animal desencarna, é tangido para o lugar onde deve permanecer, até que possa ser utilizado para nova reencarnação.

Todavia, os animais não ficam abandonados no mundo espiritual; estão sob a guarda de entidades espirituais que se encarregam de zelar por eles, fazendo-os evoluir e ministrando-lhes os cuidados de que necessitam.

Conquanto alguns médiuns videntes tenham visto espíritos de animais, contudo eles não podem comunicar-se com os homens. O perispírito dos animais não tem afinidade com o perispírito humano, o que torna impossível a comunicação.

## COMPORTAMENTO DO HOMEM PARA COM OS ANIMAIS

A rigor, o homem é senhor dos animais da Terra; entretanto, essa sua autoridade não deveria ir até o abuso de destruí-los impiedosamente.

O homem só tem o direito de destruir os animais, quando estes ameaçam sua segurança; pode porém, explorá-los legitimamente, convertendo-os em auxiliares preciosos nos trabalhos rudes e beneficiar-se de seus produtos; o que o homem não mais deveria fazer é atentar-lhes contra a vida.

Fazendo dos animais seus cooperadores nos trabalhos que podem desempenhar, o homem apressa a evolução deles, permitindo que o instinto se transmute em inteligência. Por conseguinte, se o homem soubesse utilizar-se dos animais dentro do princípio da fraternidade, seria o diretor espiritual do reino animal.

Para os animais úteis, inclusive as aves, o homem deveria criar condições de vida tais que lhes facilitassem evoluir a seu lado; forneceriam ao homem o seu trabalho normal e os produtos que lhes são próprios, sem que o homem tivesse necessidade de sacrificá-los para sua alimentação. Quanto aos animais perigosos e daninhos, o homem os destruiria uma vez que ameaçassem sua segurança; e a própria natureza se incumbe de extingui-los à medida que a civilização lhes modifica o habitat.

## A CARNE DOS ANIMAIS

Escreveu certa vez um espírito esclarecido: "O lombo de porco ou o bife de vitela, temperados com sal e pimenta, não nos situam muito longe de nossos antepassados, os tamoios e os caiapós, que se devoravam uns aos outros". *(Irmãos X – Treino para a morte*, F. C. Xavier.)

Assim é na realidade, pelo menos quanto aos animais de sangue quente, isto é, os mamíferos, inclusive as aves.

Quem já teve a oportunidade de assistir ao abate de animais para a alimentação humana, pode observar a angústia de que são tomados no momento da morte. Essa angústia se lhes grava no perispírito e do perispírito é impressa na carne, em forma de fluidos negros e pesados. Ao ingerir a carne, o homem ingere também uma dose desses fluidos viscosos produzidos pelo sofrimento, os quais vão localizar-se no perispírito humano.

Daí se origina uma série de perturbações orgânicas, de todos os graus, cuja causa a ciência ainda não soube explicar. Além disso, esses fluidos negros e animalizados tornam o perispírito humano mais denso, por se terem agarrado a ele; e dificultam a vida espiritual, porque depois de desencarnar, o espírito humano tem de sofrer longo processo reparatório para se livrar deles.

Por isso ensina-nos o espírito que se assina Irmão X, em sua magnífica mensagem *Treino para a Morte*, dada pelo médium F. C. Xavier: "Comece a renovação de seus costumes pelo prato de cada dia. Diminua gradativamente a volúpia de comer carne dos animais. O cemitério na barriga é um tormento, depois da grande transição".

## A ALIMENTAÇÃO HUMANA

Possuidores que já somos de bom cabedal de conhecimentos espirituais, devemos suprimir de nossa alimentação a carne dos animais; conservaremos apenas os seus produtos, os ovos, o leite e seus derivados; evitaremos assim a ingestão de fortes doses de fluidos venenosos, de que é portadora a carne dos animais.

Concluímos então que a alimentação que nos serve, presentemente, é a mista, em que comeremos de tudo, suprimindo somente a carne. À nossa alimentação poderemos juntar os produtos das águas, peixes, mariscos, etc., os quais, por terem o espírito em estado ainda embrionários, vizinhos próximos da vida vegetativa, não oferecem os perigos que a carne dos animais superiores oferece, quanto à parte fluídica.

## ESPIRITISMO E SEXUALIDADE

**Função divina do sexo**

Ao estudarmos o fenômeno de nossa reencarnação, suas causas e seus efeitos, é que ficamos compreendendo a função divina que o sexo desempenha em nossa evolução.

Realmente, a reencarnação só se torna possível mediante o uso dos órgãos sexuais, os quais nos fornecem um corpo denso, de carne, com o qual resgataremos o passado delituoso e elevamo-nos a esferas mais altas da espiritualidade. Se tivermos o cuidado de a encararmos somente através desse prisma, veremos que a união sexual tem como objetivo sagrado o trabalho criador.

Com base nas nobres funções do sexo, constituem-se as famílias, as cidades, as nações, permitindo que os espíritos que povoam o espaço, voltem à terra para cumprirem suas tarefas. Por aí vemos o quanto é importante que desempenhemos nossas funções sexuais nas bases do bem e da ordem, jamais nos desviando para os vícios e para os desregramentos.

## O ALTAR DOMÉSTICO

É no lar legitimamente constituído pelo casamento, que dignificamos nossas funções sexuais; desempenhando-as, o homem e a mulher alcançam o sublime estado de serem pai e mãe; é a paternidade e a maternidade gloriosas.

Lembrando-se o homem que seu primeiro berço e também o primeiro berço de seus filhos, foram os órgãos geradores da mulher, verá ele o quanto de respeito lhe deve merecer a função sexual, porque foi através dela que ele penetrou na vida e cercou-se de seus entes queridos.

Não só a paternidade e a maternidade são gloriosas, como também representam encargos sublimes, por permitirem ao homem e à mulher terrenos cooperarem diretamente com o Altíssimo na manutenção da vida na face da Terra.

Entretanto, manter a chama sagrada do amor e do respeito a brilhar perenemente no altar doméstico, não é coisa fácil; dificilmente se encontram reunidos pelos sacrossantos laços domésticos, almas da mesma esfera; daí nascem as lutas íntimas e morais que, por vezes, ameaçam a estabilidade do lar e freqüentemente o transformam em círculos infernais.

Quando o casal não mantém hábitos respeitáveis, ou quando não há paz doméstica e perfeito entendimento, entre os cônjuges, instalam-se conflitos vibratórios que dificultam sobremaneira a reencarnação dos espíritos chamados a povoarem aquele lar; porque os constantes desentendimentos entre os esposos geram ondas magnéticas destrutivas que não só afetam o corpo que se forma, como causam sérias perturbações no espírito cuja reencarnação se está processando. Para evitarem-se desastres de conseqüências imprevisíveis, o homem e a mulher, unidos pelo matrimônio, deverão recordar-se constantemente que o lar é um templo em cujo altar é necessário que se sacrifiquem reciprocamente.

## NOSSA DÍVIDA PARA COM O SEXO

Em nossa ignorância temos menosprezado as faculdades criadoras do sexo, desviando-as para as viciações. Com raras exceções, os atos sexuais têm sido fontes de abuso e não veneráveis como deveriam ser.

Durante nossas incontáveis reencarnações, temos vivido em constante desequilíbrio sexual, donde se originaram conflitos e paixões que se projetaram nas reencarnações sucessivas. Muitos desajustes e muitos sofrimentos de hoje têm como causa principal o abuso do sexo nas reencarnações passadas.

Todas as vezes em que usamos o sexo fora do sagrado instituto da família, ligamo-nos a entidades estranhas ao nosso círculo evolutivo. Quando o homem ou a mulher se esquecem de seus compromissos matrimoniais e buscam alhures as emoções do sexo, ligam-se a seus parceiros de aventuras; ao desencarnarem, sentem-se atraídos uns aos outros e só então vêm o desequilíbrio em que se precipitaram; e lutam por reequilibrarem-se, o que só lhes será possível através de reencarnações retificadoras.

Por um sem número de comunicações de espíritos desencarnados, cujas experiências sexuais nem sempre foram dignas, o Espiritismo nos demonstra a responsabilidade que pesa nos ombros do homem e nos da mulher, no tocante às relações sexuais; qualquer desvio produz conseqüências funestas. Não se brinca impunemente com os órgãos geradores da vida; o mau uso deles nos arroja em perturbações de cura difícil e, freqüentemente, demorada.

O quererem o homem e a mulher gozar clandestinamente das emoções do sexo, origina conflitos e tragédias conjugais. Esses conflitos e essas tragédias, com o desencarne de seus protagonistas, transferem-se para o mundo espiritual, onde fecham num círculo de sofrimentos aqueles que as viveram na terra. Por isso, infelizes daqueles que se não esforçam a tempo no combate às baixas paixões sexuais; a troco do prazer de alguns momentos, recebem séculos de dores.

Eis que aos pais se lhes antolha uma elevada obrigação: a de esclarece-rem seus filhos sobre as questões sexuais, tão logo chegue a idade propícia. É preciso que os que se iniciam na vida, estejam de olhos abertos para com as coisas nobres atinentes ao sexo, a fim de não resvalarem pela ladeira escorregadia do abuso e da imoralidade. Os pais que não souberem bem orientar seus filhos nos problemas fundamentais do sexo, tornam-se, perante as leis divinas, co-responsáveis com eles pelos desregramentos que cometerem.

## MATRIMÔNIO E SEXO

É portas a dentro de um lar legalmente constituído que o homem e a mulher podem, legitimamente, desempenhar as funções sexuais. No recesso sagrado do lar, os atos sexuais são naturais e chegam a ser santificados sempre que permitirem a formação de novos corpos, para a reencarnação de espíritos necessitados dela.

A infidelidade conjugal, tanto por parte do homem como da mulher, é uma falta grave, de penosas conseqüências espirituais. Durante o tempo de encarnados, o homem e a mulher adúlteros conseguem esconder suas ligações ilícitas; são os homens e as mulheres de duas vidas: uma respeitável perante a família; e outra secreta que vivem longe dos olhos de todos, pelo menos de seus familiares. Contudo, do Altíssimo não se pode esconder nada; o desencarne chega inexorável, compelindo o espírito à mudança para o mundo espiritual; e lá então os espíritos adúlteros se reúnem, distanciados de seus entes queridos e começam os difíceis trabalhos de reabilitação. Mais tarde, ou por méritos próprios ou por intercessão de amigos espirituais influentes, ou compulsoriamente, conseguem a bênção de uma nova reencarnação e os espíritos que juntos adulteraram no passado, novamente se encontram na Terra para correção do erro.

Reencarnam-se compulsoriamente, conforme explicamos páginas atrás, os espíritos que, diante da realidade dos graves compromissos assumidos, amedrontam-se; e tudo fazem para protelar o reajuste a que são compelidos pelos deslizes cometidos. Então uma vontade superior limita-lhes o livre arbítrio, levando-os ao trabalho redentor. Tudo se passa como quando uma criança não quer tomar o remédio salutar por meio de agrados; então os pais recorrem à energia.

E por isso que os cônjuges precisam resistir a todas as tentações que o sexo lhes apresentar fora do recinto do lar; sempre que traírem seus compromissos matrimoniais de absoluta fidelidade um ao outro, sintonizam-se com as regiões tenebrosas, de onde nada de bom podem esperar, além de contraírem dívidas de custoso resgate no futuro.

No tocante à fidelidade conjugal, o homem não goza de nenhum privilégio em relação à mulher. Diante do Altíssimo não há privilegiados. Tanto o homem como a mulher infiéis serão chamados às contas, diante das leis divinas.

A infidelidade conjugal assume caráter gravíssimo, quando é levada a ponto de destruir um lar. Um lar tem raízes profundas no mundo espiritual e abrange os interesses de uma porção de espíritos ligados a ele, quer encarnados, quer desencarnados.

Para cada determinado grupo de espíritos, cada lar é um ponto de apoio em vista das tarefas de reabilitação e de elevação a planos mais altos do Universo. Antes de se formar um lar terreno, traçam-se planos no mundo espiritual e depois, paulatinamente, esses planos concretizam-se na terra, constituindo-se então o lar. Por aí vemos as pesadas responsabilidades que recaem nos ombros de ambos os cônjuges e as conseqüências imprevisíveis que acarreta para si, quem atenta contra a integridade de um lar. Por conseguinte, não procurem jamais os cônjuges satisfações sexuais clandestinas, nem ninguém, homem ou mulher, ataque um lar, desencaminhando um dos cônjuges. Quando os infelizes que assim procederem, encontrarem-se na realidade do mundo espiritual, chorarão lágrimas amargas ante o caminho doloroso que se lhes desdobra à frente para a reabilitação.

## A FAMÍLIA PERANTE AS LEIS HUMANAS

Através dos tempos, mesmo entre as tribos primitivas, deparam-se-nos leis de proteção à família; e quanto mais avançamos no caminho da civilização, mais apuram-se essas leis.

As leis humanas de amparo à família são necessárias, porque no coração humano ainda há muito egoísmo. O encarnado facilmente se esquece dos compromissos que assumiu nos planos espirituais para com a família, pela qual lhe cumpre zelar na Terra; e procura quase sempre furtar-se a seus deveres familiares.

Os espíritos encarnados, com raras e nobres exceções, ainda não sabem respeitar a integridade moral de seus semelhantes; um egoísmo feroz fá-los desprezar as leis mais elementares da fraternidade; e quando no ambiente familiar se torna imprescindível o sacrifício, a renúncia, a luta enobrecedora ainda que áspera, a tendência geral é desertar. E assim os legisladores se viram na contingência de elaborarem leis que protegessem cada um dos cônjuges em particular e os filhos e os órfãos e tudo quanto se relacione à estabilidade da família.

À medida, porém, que se processa a espiritualização da humanidade, essas leis também irão evoluindo, até acabarem por se alicerçarem unicamente no Evangelho de Jesus.

## A PROSTITUIÇÃO

Um dos aspectos mais vis que assumem as funções sexuais é a prostituição; nesse aviltamento, o homem é partícipe por fazer da mulher um instrumento de sensações grosseiras. As conseqüências espirituais que daí decorrem são complexas e dolorosas, porque:

A prostituição abre à mulher a porta de todos os vícios.

A mulher que se prostitui furta-se aos sagrados deveres da família, protelando para um futuro longínquo o seu progresso e, por vezes, o do grupo de espíritos que dependia do seu bom comportamento para as lutas evolutivas.

A mulher que se prostitui passa a viver uma vida ilusória, adquirindo sofrimentos talvez para muitas reencarnações futuras, em virtude da dificuldade de seu reerguimento moral. Situa-se ela numa faixa vibratória muito inferior, sintonizando-se com a região das trevas e ligando-se a espíritos de baixa condição moral.

Como vemos, o estado espiritual da mulher que se prostitui, é dos mais lamentáveis; e ingentes serão suas lutas nas reencarnações vindouras para reabilitar-se: deverá trabalhar por limpar seu perispírito das manchas que os vícios gravaram nele; precisará esforçar-se para reintegrar-se em seu grupo espiritual evolutivo; e, finalmente, travará lutas acerbas para libertar--se de seus companheiros do círculo tenebroso.

Contudo, repetimos mais uma vez, diante do Altíssimo não há privilegiados. E assim, em relação às leis divinas, o homem que busca satisfações sexuais fora do matrimônio legítimo, torna-se também um prostituto, sujeito às mesmas penas espirituais que a mulher.

É preciso notar que se existe a mancha da prostituição na sociedade humana, é porque o homem a alimenta. Se o homem soubesse ver na mulher a irmã que lhe merece respeito, e à qual deve nobre cooperação nas tarefas da evolução, desapareceria da face da Terra o triste espetáculo do meretrício, que não é mais do que a depravação do sexo, tanto por parte do homem como pela da mulher.

Quando uma mulher cai de seu pedestal moral e rola para o envilecimento sexual, é porque um homem compeliu-a à queda, ou pelo menos secundou-a. Não se iludam, porém, os homens com a falsa liberdade sexual de que usufruem; por certo, a mulher que caiu se reerguerá no longo curso do tempo, através das reencarnações purificadoras; mas é certo também que os homens, que se aproveitaram dela, serão compelidos pelas leis divinas a ajudá-la a subir a escada do reajuste moral.

A felicidade de metade da humanidade repousa nas mãos da outra metade; isto é, a felicidade do homem está nas mãos da mulher e a da mulher está nas mãos do homem; aprenda o homem a ver na mulher a irmã bem amada, a companheira de suas lutas redentoras; e saiba a mulher ver no homem o irmão dedicado, o guardião imaculado do seu lar, sob cujo amparo fraterno alcançará as regiões da luz; e novas claridades iluminarão os lares, harmonias ainda desconhecidas na Terra embalarão os corações; e as manchas da prostituição e as do adultério serão alijadas do seio da comunidade; e o homem e a mulher usarão o sexo para as altas finalidades da vida, e não mais farão dele, pelo abuso, o caminho para as desilusões e para tormentos futuros.

## O SEXO E O PENSAMENTO

Disciplinarmos os nossos instintos é um de nossos mais árduos trabalhos; não somos mais animais a caminhar pela vida ao sabor dos instintos ou das paixões inferiores; já conquistamos a inteligência, já sabemos pensar.

Pelo pensamento disciplinaremos e governaremos nossos impulsos sexuais. Se deixarmos nossos pensamentos vagarem às soltas pelo campo das sensações sexuais desordenadas, seremos incendiados de desejos e daí aos erros e ao desregramento sexuais o passo é curto. Por vezes, a satisfação de um desejo sexual, de efêmera duração, porém contrariando as leis divinas, arroja o espírito a séculos de sofrimentos, oriundos da falta cometida ao obedecer mais ao instinto do que à razão.

O homem e a mulher deverão casar-se puros; para isso o melhor meio é a aplicação de rigorosa higiene mental; enquanto solteiros não darem abrigo em seus cérebros a pensamentos sexuais; evitarem tudo quanto possa despertar-lhes os desejos sexuais, os quais só poderão ser satisfeitos legitimamente dentro da santidade do matrimônio.

Nosso perispírito guarda a impressão de todos os nossos desregramentos sexuais do passado, os quais voltam à nossa mente em forma de reminiscências, gerando pensamentos e desejos; urge estabelecermos um cordão de isolamento para que essas impressões se atenuem e acabem por desaparecer de nosso perispírito; se não reagirmos em tempo, possivelmente seremos levados a repetir os mesmos erros e abusos de nosso passado de ignorância.

Nossas glândulas sexuais não intensificam apenas nossas atividades fisiológicas; elas atuam sobre nossas atividades mentais. Assim sendo, os solteiros poderão conservar-se castos até a época do casamento pela aplicação da higiene mental, cultivando o espírito pelo estudo e pela leitura sã, entregando-se, enfim, a tarefas que lhes ocupe nobremente o tempo, o espírito e o corpo. O mal é a ociosidade; quando estamos ocupados com coisas úteis a nós ou a nosso próximo, não temos tempo nem oportunidade de pensar em coisas menos dignas ou de procurá-las.

Do mesmo modo os celibatários, aqueles homens ou mulheres que não alcançaram o pouso do casamento, poderão transmutar a energia sexual criadora de que são dotados, em serviços altruísticos a seus semelhantes infelizes.

Por conseguinte, pelo pensamento educado exerceremos controle sobre nossa vida sexual, mantendo-a dentro dos elevados limites fixados pela Providência, limites esses que não ultrapassaremos impunemente.

## CONCLUSÃO

As linhas despretenciosas que foram lidas até aqui, mostram-nos algumas das aplicações do Espiritismo em nossa vida diária. Somos de parecer que se pautarmos os nossos atos comuns por elas, seremos bafejados pela paz de espírito, pela tranqüilidade de consciência e pela alegria que a

Terra nos pode proporcionar. Além disso, quando passarmos para o mundo espiritual, ingressaremos nas regiões luminosas, onde tudo de bom poderemos esperar.

Por certo não foi dito tudo. O Espiritismo constitui a ciência infinita do espírito, assim como o Evangelho constitui a ciência do coração. À medida que o espírito caminha, novos horizontes o Espiritismo lhe descortina, bem como amplia-se sua responsabilidade perante o Evangelho.

E com a ajuda do Espiritismo, reformemo-nos segundo os preceitos evangélicos. Para a completa melhoria da humanidade, só dará resultado o remédio aplicado ao indivíduo; por isso, cada um de nós procure melhorar a si próprio e a beneficiada será a humanidade.

E para concluirmos esse nosso modesto escorço, citaremos simplesmente o dito do Irmão X, em sua mensagem, *Treino para a Morte*, vinda por meio de F. C. Xavier: "Se você já possui o tesouro de uma fé religiosa, viva de acordo com os preceitos que abraça. É horrível a responsabilidade moral de quem já conhece o caminho, sem equilibrar-se dentro dele."

## BOM ÂNIMO

É possível que ao chegares até aqui na leitura deste livro, olhes para trás, repassando mentalmente o caminho que já percorreste na vida. Oxalá uma sensação íntima de bem-estar e alegrias espirituais domine o teu ser, por verificares que jamais te afastaste da via reta. Eleves então uma prece de agradecimentos ao teu Pai que está nos céus.

Porém se na tela de tua memória projetar-se uma vida de erros que viveste, não desanimes. Deixa que corram livremente de teus olhos as lágrimas de arrependimento; essas lágrimas são benditas por balsamizar-te o coração; e depois afigura-te em teu pensamento que elas enchem uma taça de ouro e oferta-as ao Pai celestial, como penhor da vida nova que vais começar a viver.

Tem bom ânimo.

Lembra-te que a misericórdia divina é inexaurível e no coração de Deus há lugar para todos os pecadores. Já não afirmou Jesus que o Pai se rejubila mais com um pecador que se converte ao bem, do que com cem justos que de nada precisam?

Seja qual for a tua idade, não julgues que seja tarde; recorda-te da formosa parábola dos trabalhadores da última hora; comeces imediatamente a trabalhar o campo de tua alma, a gleba de teu coração e receberás também a bênção do Altíssimo.

Estremeces sob o peso de tuas culpas? Recorda a santa frase evangélica: "O Amor cobre a multidão dos pecados." Arranca do teu coração os espinheiros do mal, planta ali as sementinhas do bem; elas germinarão, crescerão e quando compareceres diante de teu Pai celeste, estarás coberto de flores perfumosas, a esconderem-lhe dos olhos os teus erros, cometidos por tua ignorância e leviandade.

Se muito erraste, maior será o amor de Deus para contigo; pois ele mandou que Jesus nos viesse dizer: "Eu não vim salvar os justos mas os pecadores."

Este livro não foi escrito para as almas puras; elas não precisam dele.

Este livro foi escrito para quem mora nas trevas profundas e anseia pelas moradas de luz. Foi escrito para aqueles que vivem no sufocante deserto do mal e querem mudar-se para um oásis venturoso. Foi escrito para quem vagueia sem rumo, com o fito de indicar-lhe a estrada a palmilhar, o pouso a atingir. Foi escrito para todos os sofredores, para dizer-lhes da valiosa herança celeste que os espera. Foi escrito para todos os que choram, para mostrar-lhes a consolação que os aguarda. Foi escrito para os famintos e sedentos de justiça, para demonstrar-lhes que uma Soberana Justiça, incorrupta e inflexível, reajustará os tiranos da Terra e desafivelará as máscaras dos hipócritas. Foi escrito para os misericordiosos, para provar-lhes que a misericórdia é uma escada de luz. Foi escrito para os pacíficos, para que saibam o quanto vale o tesouro da paz. Foi escrito para os injuriados e perseguidos, para que tenham compaixão de quem os injuria e persegue. E sobretudo foi escrito para os pecadores, para os réprobos, para todos os que, de um modo ou de outro, contrariaram as leis divinas; o Pai celestial espera-os a todos para lhes dar novos meios de se reabilitarem ante seus olhos compassivos.

Eis que uma nova luz acendeu-se dentro de ti; encouraça-te de bom ânimo; abandona as furnas escuras do mal; sobe a colina luminosa do bem; não és um deserdado, não és um esquecido, não és um precito.

És um filho do Altíssimo.

Tem bom ânimo.

# OS MEUS DEVERES

Para com Deus, para com a Pátria, para com a Família

## O Livro da Juventude

*Eliseu Rigonatti*

Dentro da série de livros que Eliseu Rigonatti escreveu para ampliar o alcance de seu trabalho junto às comunidades espíritas, *Os Meus Deveres* foi escrito especificamente, como afirma o subtítulo, para a juventude.

O texto, dividido em três partes – *Deveres para com Deus, Deveres para com a Pátria* e *Deveres para com a Família* – traz no fim de cada capítulo um questionário para que o leitor possa testar o próprio aproveitamento e, ao mesmo tempo, recapitular os assuntos tratados.

Mantendo a mesma simplicidade e clareza de estilo de seus livros anteriores, na primeira parte de *Os Meus Deveres* o autor discorre sobre o primeiro e maior dos mandamentos – "Amarás ao Senhor Teu Deus de todo o teu coração, de toda a tua alma e de todo o teu entendimento" – e sobre o segundo mandamento, "semelhante a esse" – "Amarás a teu próximo como a ti mesmo."

As partes do livro que se seguem são complementares: tratam dos deveres do cidadão para com a prática e para com a família, abordando rapidamente todos os aspectos dessa situação. Os deveres do cidadão em relação ao governo e deste em relação ao cidadão, o voto, as leis, os impostos, a liberdade são objeto de breves e incisivas considerações que têm como epílogo os deveres do cidadão dentro da família.

Perfeito em relação ao que se propõe, *Os Meus Deveres*, junto com os outros livros desta série, asseguram a Eliseu Rigonatti um lugar de honra entre os mais sinceros divulgadores da Doutrina Espírita.

EDITORA PENSAMENTO

# O EVANGELHO DOS HUMILDES

## Eliseu Rigonatti

Este livro tem origem na fonte inexaurível do Evangelho, e o seu mérito está em ter reunido todos os ensinamentos do Espiritismo até o dia de hoje, e com eles comentar, analisar, explicar, pôr ao alcance dos leitores cada um dos versículos do Evangelho Segundo S. Mateus. E quem diz Evangelho lembra a palavra de Jesus, a qual, nas palavras deste livro, "não envelhecerá; só ela não passará. Rocha inamovível dos séculos, cada geração descobre na palavra de Jesus uma faceta sempre mais brilhante que a anterior, que reflete mais luz, que mais ilumina os viajores que demandam a pátria celeste por entre os caminhos da Terra".

*O Evangelho dos Humildes* foi redigido em linguagem cristalina e que tem o dom da penetração. Eliseu Rigonatti, autor de obras úteis e bem fundamentadas sobre a doutrina espírita, dedicou o volume "aos mansos, porque meu Mestre os chamou bem-aventurados. Almas ternas que repelis a violência, e sabeis usar a força do Amor, este livro vos anuncia o novo mundo que ides possuir!"

EDITORA PENSAMENTO

# A MEDIUNIDADE SEM LÁGRIMAS

*Eliseu Rigonatti*

Autor de várias obras úteis e bem fundamentadas acerca da doutrina espírita Eliseu Rigonatti oferece agora a seus leitores em Mediunidade sem Lágrimas, uma exposição excepcionalmente clara dos aspectos básicos da mediunidade e de como desenvolvê-la e utilizá-la em prol dos ideais espíritas. Conforme diz ele na introdução do presente volume: "As páginas que se vão ler tratam de um dom profundo do Espírito humano encarnado: o dom da mediunidade. Por meio dele entramos em contato com os Espíritos, ou seja, com os desencarnados, aqueles que já, em seu corpo carnal, habitaram a Terra; conviveram conosco, e partiram para a pátria espiritual, invisível para nós. E como o explorador terreno que, antes de se aventurar a uma região desconhecida e que lhe compete explorar, aparelha-se com os petrechos e informações que lhe facilitem a tarefa e o protejam dos riscos a que possa estar exposto, assim aquele que vai contatar-se com os Espíritos deve precaver-se contra os perigos a que se expõe. Posto que não sejam instrumentos materiais, são, contudo, de suma importância, e sem os quais poderá frustrar-se em sua tarefa. Os instrumentos a que nos referimos são: intelectuais, morais, espirituais e materiais."

EDITORA PENSAMENTO

# MANUAL PRÁTICO DO PROFESSOR DE CATECISMO ESPÍRITA

*Eliseu Rigonatti*

Preocupado em oferecer aos professores de Catecismo Espírita uma orientação básica para que essa atividade, que exige das pessoas que a ela se devotam dedicação e desprendimento no grau mais elevado, Eliseu Riogonatti, cujos livros se colocam entre os mais procurados na linha da doutrinação espírita, cuidou de compor este manual, completo para a finalidade a que se destina.

Devidido em 12 lições, os vários problemas que o professor de Catecismo Espírita precisa prever e resolver para assegurar o bom êxito de sua altruística atividade são tratados com grande clareza e praticidade. Seus tópicos principais se resumem nos seguintes:

- Como organizar a classe, tendo em vista o local e a heterogeneidade dos alunos;
- Como incrementar a frequência dos alunos;
- Horário, duração das aulas e férias;
- O ensino do Espiritismo como complemento das Lições dos Evangelhos;
- Os deveres do professor e o livro a adotar;
- Aulas de educação social como aplicação prática das lições recebidas no Catecismo.

Encerrando uma de suas lições, Eliseu Rigonatti resume o sentido geral deste *Manual Prático* afirmando: *"Estas são apenas algumas sugestões que oferecemos aos professores de boa vontade e que almejam o progresso de seus Catecismos Espíritas"* – e deixa aos mesmos a tarefa de descobrir vários outros meios para incrementar e tornar mais atraentes as suas aulas.

EDITORA PENSAMENTO